Des vies (presque) ordinaires

www.editionsatelier.com
www.twitter.com/editionsatelier
www.facebook.com/editionsatelier

Imprimé en France *Printed in France*

ISBN : 978-2-7082-4491-7

Blandine Bricka

Des vies (presque) ordinaires

Paroles d'aidants

DE L'ATELIER
LES EDITIONS
Les Editions Ouvrières
51-55, rue Hoche
94200 Ivry-sur-Seine

Introduction

Quand j'ai débuté ce travail, je ne savais pas grand-chose des aidants familiaux, au-delà de la représentation spontanée que je pouvais m'en faire. J'ai commencé bien sûr à me documenter sur la question, pour vite m'apercevoir que dans la plupart des publications, la question était essentiellement traitée sous un angle sociétal et institutionnel, et la parole directe des aidants passée au crible de l'analyse des experts et des statistiques. Mais ces analyses n'épuisaient en rien les questions que je me posais et auxquelles seuls les aidants eux-mêmes pouvaient répondre. Il me fallait donc recueillir leurs paroles, les laisser raconter très simplement et très concrètement ce qu'a été et ce qu'est pour eux, au quotidien, l'aide qu'ils apportent à un proche – parent, enfant, conjoint malade, handicapé, vieillissant, dépendant. Comment bricole-t-on sa vie quand on veut à la fois accompagner celui ou celle à qui l'on tient et continuer à être un professionnel, un mari, une femme, le parent d'autres enfants ? Comment vit-on cette étiquette d'aidant ? Fait-elle sens ? Où puise-t-on la force de tendre la main vers l'autre fragilisé ? Comment et en quoi la relation avec la personne que l'on aide a-t-elle été changée ? Comment se voit-on transformé soi-même ? Je me demandais si cette expérience, généralement non choisie, d'être présent au quotidien pour un proche malade, handicapé, vieillissant, dépendant, pouvait être vécue autrement que comme un fardeau ou une terrifiante privation de liberté, et s'il n'y avait pas une forme d'angélisme à penser qu'elle pouvait être une expérience lumineuse, qui relie et qui fait grandir.

J'ai démarré les entretiens au lendemain des attentats du 13 novembre 2015. Paris traversait une des heures sombres de son histoire. Dans les jours qui ont suivi, j'ai eu le sentiment que les Parisiens n'étaient plus tout à fait les mêmes. Qu'il y avait là, dans cette soudaine et violente prise de conscience de notre vulnérabilité individuelle et collective, une plus grande attention aux autres, une manière différente, plus ouverte, plus généreuse de se regarder, de se sourire, parfois même de se toucher. Chargée de cette émotion, j'ai rencontré, entre fin novembre et fin décembre 2015, chez eux, chez moi ou dans le lieu qu'ils avaient choisi, Clotilde et Victor, Évelyne, Odile, Caroline et Nathalie, Michel et Marie-Thérèse. À chacune de ces rencontres, j'ai senti que ces personnes n'avaient pas eu besoin de la violence et du sang pour être à cet endroit d'humanité que je ressentais si fortement dans mon entourage depuis quelques jours.

Pourtant, c'est à chaque fois sur la pointe des pieds que je suis allée à leur rencontre et que j'ai commencé à les écouter. C'est tellement mystérieux cette chose qui donne à quelqu'un l'envie de confier des morceaux de sa vie et de son intimité à un autre, qu'il ne connaissait pas quelques minutes avant. Tellement mystérieux aussi ce geste d'écouter, fait à la fois d'une empathie qui accueille et d'une rigueur qui remet sur le chemin une parole qui a parfois tant besoin de prendre des détours ; d'un respect des pudeurs qui se taisent derrière un regard qui se voile ou d'une voix qui change de timbre ou de rythme, et d'une audace qui invite à pousser les rideaux baissés sur des zones d'ombre, à en dire un peu plus, à briser et à libérer parfois des tabous qu'on s'imposait à soi-même. S'approcher tout en gardant la bonne distance pour ne jamais casser la confiance qui nous fait tenir ensemble dans cet espace où la parole se donne.

À chacune de ces rencontres, l'émotion était là, à fleur de voix, généreuse, hésitante, combative, coléreuse par moments, aimante toujours. Il n'y a pas eu de faux-semblants, pas de plainte ni d'héroïsme. La vie s'était sans doute chargée de les élimer en route si besoin il y avait eu. Et moi qui étais là pour écouter et pour interroger, je suis à plusieurs reprises restée sans voix, bouleversée par des moments de grâce où j'ai eu l'impression, dans la simplicité de cette parole, de toucher du doigt ce qu'être un homme ou une femme veut dire, ce que peuvent être l'amour et l'ouverture consentie et inconditionnelle à l'autre. Sans qu'il n'y ait rien de sacrificiel ni de nécessairement spirituel là-dedans.

Au-delà de l'émotion, j'ai été également très sensible à la diversité des vécus et des manières d'en parler, même s'il serait présomptueux de penser que ces six témoignages suffisent à eux seuls à dresser un tableau exhaustif de la situation des aidants en France. Ils cherchent surtout à donner à entendre des histoires singulières à travers lesquelles se tisse le fil d'une interrogation commune.

Après le temps des entretiens est venu celui de l'écriture. Il s'agissait pour moi de trouver une forme et un style qui soient au plus près de ce que j'avais entendu et ressenti de chacune de ces personnes. Pas facile de résumer des années de vie en quelques mots et en quelques pages. Car ce qui s'écrit là est certes le bilan d'une expérience, mais aussi sa photographie à un instant *t*. « Je me suis trouvée très positive », m'a dit après coup Évelyne, qui avoue qu'elle aurait pu l'être moins si nous nous étions rencontrées à certaines périodes plus compliquées de sa vie d'aidante. On n'est pas aidant de la même façon quand on commence tout juste à l'être et quand on l'a été toute sa vie. « C'est tout un cheminement d'acceptation », raconte Michel. Qui ne prend pas exactement le même sens quand on accompagne un enfant handicapé que l'on aide à grandir pour l'amener vers un maximum d'autonomie ou ses parents en fin de vie.

Chez chacune de ces personnes, j'ai senti un besoin fort de parler, de raconter. Peut-être pour donner du sens à une expérience qui peut facilement se noyer dans un quotidien semé d'embûches. Mais aussi pour partager avec d'autres, contribuer à tisser une communauté d'aidants qui se soutiennent les uns les autres et font connaître au monde la réalité d'un vécu qui bien souvent est ignoré, caricaturé, voire nié. Pour certains, l'habitude des groupes de parole et de l'engagement associatif est prise depuis longtemps. Pour d'autres, le manque de temps les isole. « Vous êtes une des seules à qui nous aurons parlé », me dit Nathalie à la fin de l'entretien, alors que je leur demandais, à elle et à sa sœur Caroline, si elles faisaient partie d'associations et si elles avaient l'occasion d'échanger autour de leur vécu d'aidantes.

Michel aussi était très sensible à la question de l'isolement des aidants, qui ont une grande pudeur à parler de leurs difficultés quand ils côtoient au quotidien une souffrance bien plus grande que la leur. Pour lui, ce livre pourrait être « une clé d'ouverture ». Comme dans un conte où l'on s'identifie à l'un ou l'autre des personnages, les lecteurs, aidants, amis ou proches d'aidants, futurs aidants, pourront se reconnaître dans l'un ou l'autre des témoins et à la lumière de cette expérience partagée, mieux comprendre ce qu'ils ressentent et ce qu'ils traversent.

Je remercie chaleureusement Clotilde et Victor, Évelyne, Odile, Caroline et Nathalie, Michel, et Marie-Thérèse pour leur accueil, leur disponibilité, leur ouverture et leur générosité. Je souhaite que leurs témoignages contribuent à faire connaître différentes facettes de vies (presque) ordinaires et invitent d'autres aidants à sortir de l'ombre et à prendre la parole.

« Je pense que j'ai encore plus d'énergie et de combativité qu'avant »

Le 22 novembre 2015 à 13 h 30, Clotilde m'attendait en voiture à la gare de Torcy pour me conduire chez elle. Sur la route, elle m'a montré l'endroit de l'accident où, pendant des mois, elle ne pouvait plus passer. Ce jour-là, Caroline, sa fille accidentée, était chez une amie. Au départ, c'est Clotilde que je venais écouter. Mais Victor, son compagnon et le père de Caroline, était là, d'abord sur le canapé, à quelques pas de la table de la salle à manger où Clotilde et moi étions installées. Assez vite, il nous a rejoints et a pris sa part dans l'échange que nous avons eu. J'ai aimé le contrepoint masculin et paternel qu'il apportait au témoignage de Clotilde. J'ai donc choisi de leur donner la parole à tous les deux.

Clotilde : J'ai 41 ans. Je travaille depuis vingt ans en GSB [1] et depuis quatre ans, je suis responsable d'un

1. Grande surface de bricolage.

service pose et travaux à domicile. J'ai trois enfants : Maxandre, qui va avoir 18 ans et qui vit chez son papa ; et avec Victor, mon compagnon actuel, Caroline qui a 14 ans et Antoine qui va avoir 4 ans. Victor a 46 ans. Il travaille dans la même société que moi au service clients.

Notre fille s'est fait renverser par une voiture le mercredi 28 mai 2014 alors qu'elle rentrait du collège. Le conducteur était en excès de vitesse et sous l'emprise de stupéfiants. Il a percuté Caroline qui a été projetée à 16 mètres. Victor et moi sortions d'un rendez-vous chez l'ostéopathe et, sur la route, j'ai reçu un appel de la police des accidents. Ils ont eu beau me dire de ne pas m'inquiéter, quand ils m'ont annoncé que le Smur [2] avait transporté Caroline à l'hôpital Henri-Mondor de Créteil, j'ai tout de suite su que c'était très grave. Là-bas, nous avons attendu plus de trois heures avant de pouvoir la voir. Elle n'avait pas de blessure apparente ; la colonne était intacte mais elle avait le crâne fracturé en quatre et une exophtalmie [3] de l'œil gauche. Il a d'abord été question de l'opérer, mais cela n'a finalement pas été possible. Le médecin nous a alors dit qu'il n'y avait que 3 % de chances qu'elle survive au-delà de vingt-quatre heures.

Là, tout s'est effondré. Nous avons prévenu la famille et les amis, qui ont défilé à l'hôpital. Nous avons beaucoup pleuré jusqu'au vendredi, où nous avons repris

2. Service mobile d'urgence et de réanimation.

3. L'œil sort de l'orbite.

espoir. Le médecin lui avait donné vingt-quatre heures, elle les avait dépassées : chaque heure qui s'écoulait était une petite victoire. C'était étrange pour nos proches, qui étaient atterrés, mais nous nous disions que pour qu'elle puisse se battre, elle avait surtout besoin d'énergies positives. Je n'avais ni le temps ni l'envie de consoler les gens. En revanche, je répondais aux copains et aux copines de Caroline, qui étaient tous très choqués et qui n'arrivaient pas à se figurer ce que sont un coma, des hématomes, un œdème cérébral. Je savais que l'accident avait généré des tensions à l'école. Aux adultes de notre entourage, je donnais des nouvelles de Caroline soit le matin, soit le soir. Facebook aussi m'a bien aidée. Je m'en suis servi comme d'un exutoire, qui me permettait de raconter des histoires à double sens : les enfants lisaient les faits quotidiens de la vie de Caroline et les adultes comprenaient les choses graves, entre les lignes. Victor, lui, s'occupait des relations téléphoniques avec ma mère que je ne supportais plus d'entendre pleurer au téléphone, même si je comprenais son chagrin.

Pendant quinze jours, nous sommes restés nuit et jour à l'hôpital. Notre fils Antoine a été ballotté de bras en bras entre les tantes et les amis. Heureusement, grâce au soutien du maire de Torcy, où nous vivions, nous avons pu obtenir rapidement une place en crèche. Victor l'emmenait le matin et s'en occupait le soir et moi, je restais dormir à l'hôpital sur des chaises.

La question du travail ne s'est pas posée pour moi à ce moment-là car j'avais pris un congé parental après la naissance d'Antoine et je ne devais reprendre mon activité qu'en décembre 2014. Pour Victor non plus, car il était en arrêt pour accident du travail jusqu'en septembre 2014.

Caroline est restée trois semaines dans le coma et deux semaines en service de réanimation neurochirurgicale à l'hôpital Henri-Mondor, où les médecins étaient vraiment exceptionnels. Les aides-soignantes et les infirmières aussi étaient très à l'écoute. Comme je leur avais dit que Caroline adorait se coiffer, dès qu'elles lui lavaient les cheveux, elles lui faisaient toujours de jolies coiffures et la parfumaient.

Victor : C'était joli, parce qu'à chaque fois qu'on entrait dans la chambre, on la voyait avec une coiffure différente.

Clotilde : On avait l'impression qu'elle dormait et qu'elle ne souffrait pas. Mais elle avait tellement perdu de poids et sa peau était tellement diaphane qu'on voyait presque ses organes.

Victor : On ne l'a pas vue se réveiller, mais un jour, on l'a vue bâiller à gorge déployée alors qu'elle ne bougeait pas depuis trois semaines. C'était très impressionnant. Et puis, il y a eu des débuts de sourire. Mais on ne savait pas si elle nous reconnaissait : elle semblait dans le brouillard.

Clotilde : On savait pertinemment que le cerveau pouvait être atteint et qu'il pourrait y avoir des séquelles lourdes voire irréversibles. Allait-elle nous reconnaître, pouvoir parler, marcher ? C'était vraiment l'inconnu. Et peu à peu, les choses se sont éclaircies : elle nous a reconnus, elle a parlé ; elle n'a plus supporté les médecins, ni les piqûres ; elle n'a plus aimé les gels de gavage enrichis hyperprotéinés qu'on lui donnait à manger – elle avait perdu presque neuf kilos. Quand la diététicienne lui a dit qu'il lui fallait des nourritures hyperenrichies, elle n'a pas perdu le nord et elle nous a directement demandé du Coca et du Nutella. On lui a donc donné du Nutella à la petite cuiller, car elle ne pouvait plus utiliser ses membres et en particulier son bras droit, qui ne fonctionnait plus du tout. Alors qu'elle avait toujours été très sportive, elle n'avait plus aucun tonus musculaire. Son cou tombait et elle s'étouffait ; elle était incapable de tenir sur ses jambes et même, pour la faire tenir en position assise, il fallait la sangler sur un fauteuil et lui mettre une minerve. Et puis petit à petit, avec l'aide du kiné, elle a réussi à se mettre debout toute seule et à faire quelques pas...

Victor : ... avec beaucoup de difficultés. Ce n'était pas la démarche d'un enfant ou d'un adulte qui met tranquillement un pied devant l'autre. À chaque pas, il lui fallait faire un effort de volonté énorme pour projeter son pied en avant.

Clotilde : Elle était confuse dans ses souvenirs ; elle n'avait plus ni la notion du temps ni de notions mathématiques. En revanche, elle pouvait lire et n'avait pas perdu le langage, même si parfois, elle ne trouvait plus ses mots. Alors elle s'énervait et nous envoyait balader assez violemment. Au début, ça nous faisait sourire. Je sais que c'était sa façon de nous dire qu'elle n'était pas contente de ce qui lui arrivait. Mais plusieurs fois, j'ai dû la remettre à sa place en lui expliquant qu'on essayait de l'aider.

Victor : À un moment donné aussi, il y a eu une inhibition qui s'est lâchée. Et tout à coup, ça a été un florilège de mots qu'elle n'avait pas le droit de dire avant l'accident et qui, là, allaient très bien ensemble !

Clotilde : Un jour, elle m'a dit qu'elle avait mal au ventre et je lui ai demandé si elle avait faim, ou envie d'aller aux toilettes... Elle ne répondait rien. Je lui ai proposé de lui masser le ventre et là, c'est sorti tout seul : « Mais putain de bordel de merde, tu ne peux pas me laisser chier tranquille ? » Je n'ai pas su si je devais rire, pleurer, sortir de la chambre... mais je me suis dit que si elle était tout le temps comme ça, ça allait être infernal à vivre. Heureusement, je savais que la désinhibition verbale ou sexuelle fait partie des séquelles courantes chez les patients qui ont connu un coma suite à un choc frontal. Et finalement, cela n'a pas duré très longtemps.

Le 16 juillet 2014, Caroline a quitté l'hôpital pour entrer dans un centre de rééducation où sont soignés des enfants et des adolescents accidentés ou qui souffrent de troubles psychologiques, d'anorexie, de boulimie, de tendances suicidaires. Jamais je ne me suis sentie en confiance avec cet établissement et ce, dès le jour où Caroline est arrivée et où aucun médecin ne nous a reçus. Par la suite, quand je posais des questions simples au personnel soignant, je n'avais jamais de réponses précises. Un jour par exemple, je suis entrée dans la chambre et j'ai vu Caroline complètement hagarde. J'ai demandé aux infirmières ce qu'on lui avait donné et elles m'ont répondu qu'elles ne savaient pas. Au poste de soin, on m'a dit qu'ils s'étaient conformés à la prescription du médecin. Quand j'ai voulu savoir ce qui avait motivé cette prescription – Caroline était angoissée ? agitée ? s'était mise à pleurer ? –, la seule explication que l'on m'a donnée, c'était que si le médecin l'avait prescrit, c'est que c'était nécessaire.

Victor : C'était pareil lors des rendez-vous familiaux. À chaque fois, on nous disait « C'est une décision médicale », et il fallait qu'on s'en tienne à ça, comme si on n'avait pas besoin de comprendre ou de discuter leurs décisions. On a vraiment eu le sentiment que notre enfant ne nous appartenait plus, qu'ils étaient maîtres de décider de tout ce qui la concernait, sans qu'on ait notre mot à dire.

Clotilde : Nous avons passé tout l'été au centre, du lundi au dimanche. Nous avions notre place et notre table attitrées dans le parc. Les copains de Caroline venaient la voir et l'entraînaient dans des courses de fauteuil roulant, ce qui la faisait rire. On l'encourageait à marcher le plus possible pour que ses muscles se remettent à fonctionner et qu'elle retrouve de l'endurance. Notre objectif était qu'elle sorte de ce centre le plus vite possible.

Pendant ce temps-là, nous avons dû déménager. Nous habitions un appartement au troisième étage sans ascenseur et il nous a donc fallu chercher une maison qui puisse accueillir un fauteuil au cas où Caroline continue à en avoir besoin. Nous avons trouvé la maison où nous vivons aujourd'hui, où nous savions qu'il était possible de transformer la pièce à vivre en chambre et d'aménager une rampe d'accès. Mais heureusement, cela n'a pas été nécessaire. Grâce à la rééducation et à tous ses efforts, Caroline a lâché le fauteuil mi-août. Elle a alors pu passer en hôpital de jour. Le matin, un taxi l'emmenait au centre où elle poursuivait sa rééducation et reprenait une scolarité adaptée, et le soir, elle rentrait à la maison.

C'est à partir de ce moment-là que je me suis sentie devenir aidante familiale. Pour moi, cela voulait dire à la fois m'occuper des soins quotidiens de Caroline, mais surtout reprendre la main sur les décisions médicales. Je me sentais investie non seulement d'un rôle mais d'une mission : obtenir les réponses que les médecins du centre refusaient de me donner et faire les bons choix pour aider au maximum Caroline dans sa reconstruction tant physique que morale. Ça a été un grand soulagement pour nous de pouvoir enfin choisir ce qu'on voulait médicalement, même si cela a été contraignant pour elle car tous les week-ends, de septembre à mi-octobre, je l'emmenais consulter des médecins. Son attention était toujours limitée et son bras droit fonctionnait très difficilement. Au centre, les médecins prétendaient, sans s'appuyer sur aucun examen, que son bras ne refonctionnerait jamais. J'étais loin d'être convaincue et j'avais donc besoin des avis d'autres spécialistes, qui lui ont prescrit les examens que le centre ne lui avait pas fait passer et qui ont tous affirmé le contraire. Son handicap n'a pas de lien avec l'hématome cérébral : elle souffre d'une amyotrophie musculaire et tendineuse[4] provoquée par le choc de l'accident et qu'on peut partiellement rééduquer. Parallèlement, je lui ai également fait faire un bilan chez une orthophoniste. Au centre, ils estimaient que la mémoire de Caroline n'avait pas été touchée et qu'elle pourrait reprendre une scolarité normale, ce qui n'était pas le cas. Sa mémoire sémantique avait été altérée et elle avait toujours de l'acalculie[5]. Elle avait donc besoin de soins renforcés en orthophonie.

Tous ces éléments ont motivé notre décision de la sortir du centre le plus vite possible. Et puis, Caroline devenait très morose : elle avait le sentiment de régresser. Elle avait besoin de voir autre chose que des enfants de son âge en fauteuil, handicapés ou atteints de maladies dégénératives. La sortir du centre a donc été un choix évident pour nous et qu'on n'a jamais regretté...

4. Atrophie des muscles et des tendons.

5. Incapacité à reconnaître et à former des chiffres, à effectuer des calculs simples.

Victor :... même si le centre a tout fait pour nous en dissuader.

Clotilde : Les médecins nous ont dit et répété qu'on faisait une grosse bêtise, que ça serait extrêmement dur pour nous, qu'on ne le supporterait pas et que ça serait même préjudiciable pour Caroline...

Victor :... et qu'on n'avait pas la capacité d'organiser les choses pour pouvoir nous occuper d'elle à plein temps.

Clotilde : J'ai vite trouvé une équipe de praticiens doux et pédagogues, avec qui Caroline s'est tout de suite sentie en confiance pour poursuivre sa rééducation. Après les vacances de Noël, elle a également pu reprendre sa scolarité au collège. Malgré ses divers rendez-vous, elle ne manquait que deux heures et demie de cours par semaine.

Moi, je m'occupais de ses soins. Le matin et le soir, il fallait lui masser le dos avec de la crème hydratante, l'aider à faire sa toilette, à se coiffer, à s'habiller, à manger et à prendre ses médicaments... Aucun geste technique, mais je devais faire très attention car elle avait le crâne extrêmement fragile, même s'il était ressoudé. Et comme elle n'avait pas de cicatrice ou de blessure visible, c'était très difficile de matérialiser sa douleur. Même avec le plus grand soin, je lui faisais toujours mal quand je lui lavais les cheveux. Il a fallu que l'on trouve un terrain d'entente : que moi je fasse très attention à mes gestes, et qu'elle mette un peu d'eau dans son vin, car elle pouvait être extrêmement agressive avec moi (pas avec son père ni avec ses amis). Pas forcément dans ses paroles, mais dans sa manière de répondre.

C'était compliqué aussi de devoir la laver : la dernière fois que je l'avais fait, elle avait 6 ans. Là, c'était une adolescente, formée, et jamais je ne me serais imaginé que j'aurais un jour à lui essuyer les fesses. C'était plus compliqué encore pour son père. On avait vraiment la sensation de violer son intimité. Et ce n'était pas simple pour Caroline, qui n'était pas spécialement pudique avant l'accident et qui aujourd'hui se blottit dans la baignoire pour ne pas que je la vois quand je rentre dans la salle de bain parce qu'elle a besoin d'aide. Comme si quelque chose en elle s'était brisé. Ça me touche beaucoup.

Victor : Elle a toujours été boudeuse mais elle n'était pas renfermée. Aujourd'hui, il y a comme une phase d'analyse avant qu'elle n'accepte les choses. Parfois quand on la contrarie ou qu'elle ne veut pas entendre ce qu'on a à lui dire, on a la sensation qu'on la perd.

Clotilde : La relation s'est transformée. Il y a des choses qu'on pouvait lui refuser facilement avant, quand elle voulait aller dormir chez ses copines par exemple, et avec lesquelles, aujourd'hui, nous sommes plus souples.

Victor : Moi, je trouve que tu es plus dure avec elle qu'avant. Plus exigeante.

Clotilde : Oui, peut-être que je suis plus exigeante. En fait, je suis avec elle dans une proximité distante. J'aime bien cet oxymore qui dit ce double rôle que j'ai désormais : je suis à la fois sa maman et celle qui l'aide à avancer. Souvent, j'ai dû prendre du recul, oublier un peu mon rôle de maman et ne pas trop écouter mes sentiments pour pouvoir la pousser à atteindre des objectifs et y trouver une satisfaction qui la valorise.

Je sais que pour pouvoir récupérer au maximum après un coma, beaucoup se joue dans les deux premières années. Même si c'est fatigant pour elle, c'est maintenant qu'il faut qu'elle s'entraîne, parce qu'après, elle n'aura plus cette endurance. Et elle a vraiment envie de redevenir comme avant, d'effacer cet accident et de redémarrer comme si rien ne s'était passé. Je ne voudrais pas que, plus tard, elle nous reproche de ne pas l'avoir assez stimulée. Parfois, quand on est en voiture, elle me dit qu'elle en a assez, qu'elle est fatiguée, et je lui réponds : « Oui, je sais, tu es fatiguée, mais si on arrête tout, là maintenant, ce sont des capacités que peut-être tu ne récupéreras pas ou pas complètement. Tu te reposeras plus tard. » Elle l'entend, même s'il y a aussi l'adolescence qui complique un peu les choses. Heureusement, de plus en plus, nos rapports redeviennent ceux d'avant l'accident : plus tendres, plus affectueux.

En décembre 2014, au moment où Caroline est sortie du centre de rééducation, mon congé parental a pris fin et j'ai dû reprendre le travail. Mais l'ambiance au magasin était tellement exécrable que j'ai assez vite pris la décision de demander un congé de présence parentale ; ce que je n'ai pas regretté, même si ça m'a coupée d'une certaine vie sociale. Dans mon service, ils auraient voulu que je sois totalement disponible, ce qui n'était pas possible vu les contraintes que j'avais par ailleurs. Et puis surtout, on considérait que je n'étais plus bonne à rien, que je ne savais plus rédiger des devis, ni payer des factures ; on ne me laissait plus répondre aux clients ; certains collègues ne me parlaient plus, ne répondaient pas à mes questions. À partir de ce moment-là, je me suis dit que j'avais des choses plus importantes à faire ailleurs.

Pour moi, c'était une sacrée organisation. Le matin, j'emmenais Caroline au collège, je déposais Antoine à l'école, je rentrais à la maison, je traitais les dossiers et ensuite, je m'occupais de la maison, je préparais à manger pour le soir. L'après-midi, j'allais récupérer Caroline, je la conduisais à ses différents rendez-vous : ergothérapeute, kiné, orthophoniste, ostéopathe, neurologue, psychomotricienne. Mais l'essentiel de mon temps était consacré à traiter les cinq à six courriers administratifs que je recevais chaque jour pour Caroline. Heureusement que les papiers ne me font pas peur. Dans mon travail, on est assujetti à la garantie décennale, qui nous oblige à conserver tous les documents pour, en cas de sinistre, pouvoir déterminer si la responsabilité incombe au client, à l'artisan ou au produit. J'ai donc toujours aimé le travail administratif, d'où tous les classeurs qu'on a dans le salon, et que Victor appelle notre « décoration administrative ».

J'ai dû me débrouiller toute seule pour récupérer les informations. Quand Caroline est sortie du centre de rééducation, personne ne nous a dit qu'il fallait monter un dossier pour la MDPH [6], ni qu'on pouvait contacter la Sécurité sociale ou la CAF [7] pour obtenir un financement. Or, quand on envoie un dossier à la MDPH, il faut quatre à six mois pour qu'il passe en commission, et dès qu'il manque un document – et certains sont longs à obtenir –, il faut absolument le renvoyer sous quinze jours sinon, le dossier repasse dans le circuit normal et il faut attendre encore quatre mois ou plus. Comme ça, on a d'abord perdu six mois, puis à nouveau trois mois.

En France, rien n'est fait pour que les dossiers circulent directement de service en service. J'ai donc dû apprendre à être très patiente avec les administrations et à ne rien lâcher. Pendant un moment, je me mettais des alarmes sur mon téléphone pour me rappeler de vérifier que tel ou tel dossier avait bien été envoyé. C'était un travail à temps plein. Je devais aussi m'occuper de ma situation administrative car, comme j'étais en congé de

6. Maison départementale des personnes handicapées. Créées par la loi de 2005 pour l'égalité des droits et des chances, la participation et la citoyenneté des personnes handicapées, les MDPH existent dans chaque département et ont pour mission l'accueil et l'accompagnement des personnes handicapées et de leurs proches.

7. Caisse d'allocations familiales.

présence parentale, pour obtenir le versement de la CAF, je devais envoyer une attestation de mon employeur, avec les journées de congé. Sauf que mon employeur partait du principe que nous étions payés du 20 au 20 donc il établissait l'attestation du 20 au 20, là où la CAF me demandait une attestation mensuelle du 1er au 30. Je me suis donc retrouvée pendant un trimestre sans aucune rentrée financière. Pendant ce temps, les factures continuaient de tomber : celles de la maison, mais surtout celles des soins de Caroline qui n'étaient plus pris en charge comme quand elle était au centre de rééducation. Chaque mois, je dépensais entre 600 et 700 euros en soins, sans compter les frais de route, qui ne sont jamais couverts, même si j'ai fini par découvrir qu'il existe un document grâce auquel on peut se les faire rembourser. Mais là encore, c'est toute une procédure qui prend un temps fou.

Victor : Pour moi, le plus dur et le plus angoissant, c'était notre situation financière. Nous dépendions uniquement de mon salaire et, quand je voyais les sommes qui sortaient tout le temps de mon compte, je me disais que je n'y arriverais jamais. Nous ne faisions pas d'extras, mais nos économies y sont passées.

Clotilde : Le budget était très serré. Il n'y avait quasiment aucune marge pour des à-côtés. J'ai essayé de faire un peu de *dog sitting* pour gagner quelques centaines d'euros. J'ai aussi pensé à faire des ménages chez les gens, mais ce n'était pas possible parce que je devais m'occuper d'Antoine et de Caroline. Et, étant en congé de présence parentale, je n'avais pas le droit d'exercer une activité déclarée.

Victor : Ce qui nous a fait tenir, ce sont les progrès de Caroline.

Clotilde : Et nous nous sommes beaucoup soutenus tous les deux, même si ça n'a pas toujours été sans disputes. On va dire qu'on s'en sort bien comparativement à d'autres couples qui ont vécu la même chose et qui aujourd'hui sont séparés.

Victor : Nous avons eu la chance que les choses s'arrangent rapidement, ce qui n'a pas été le cas pour certaines familles que nous avons rencontrées et qui n'ont pas connu le miracle. Nous, ce miracle, nous l'avons attendu, espéré, et il s'est produit. Nous nous sommes accrochés à ce petit 3 % de chances que nous donnaient les médecins. Et chaque minute, chaque heure, chaque journée qui passait renforçait cette confiance.

Clotilde : Aujourd'hui, au bout d'un an de congé de présence parentale, j'ai décidé de reprendre le travail. Déjà parce que je pense que c'est le bon moment pour Caroline, qui est plus autonome et demande moins d'attention. Et aussi parce que j'en ai besoin, même si je ne sais pas encore précisément comment on va s'organiser. Mais surtout parce qu'au magasin, j'ai un nouveau directeur qui a bien compris ce que j'avais vécu et qui me réintègre en connaissance de cause, avec ce rôle d'aidante familiale. Il considère même que mon expérience est une valeur ajoutée pour l'entreprise car, dès l'instant où des clients demanderont des choses un peu compliquées en termes de faisabilité pour l'aménagement d'une salle de bains par exemple, j'aurai ce regard pratique que j'ai à la maison depuis l'accident de Caroline. Je vais également être en charge des dossiers de financement d'aménagements spécifiques à présenter à la fondation de l'enseigne.

Cela me redonne une existence. J'ai toujours été en contact avec des clients, des artisans, des collègues, et c'était donc compliqué pour moi d'être en permanence à la maison. Du jour au lendemain, j'ai eu l'impression de ne plus exister, de ne plus avoir aucune reconnaissance. Et j'ai vraiment mal vécu ce qui s'est passé quand j'ai repris le travail en décembre 2014 et qu'on m'a fait comprendre que je n'avais plus ma place dans le magasin, voire dans l'entreprise. C'était très blessant. Car l'accident de Caroline, évidemment que je ne l'ai pas choisi. Et qu'en plus viennent s'ajouter des sous-entendus du type « avec ce qui s'est passé, on ne peut pas continuer à travailler avec vous ». C'est rageant, humiliant, parce que moi, je n'ai pas changé. Au contraire. Je pense que j'ai encore plus d'énergie et de combativité qu'avant. J'ai toujours eu l'habitude de gérer des situations d'urgence dans les magasins, mais là, je suis encore plus armée pour prendre les bonnes décisions dans des moments de stress. Alors de tomber sur ce directeur, attentif à ce qu'est le handicap, qui m'a dit qu'il me reprenait en sachant ce que je vivais et que loin d'être un poids, cela serait une valeur ajoutée, cela m'a fait revivre.

Victor : Oui, c'est la preuve que, professionnellement, tu n'es pas mise au placard et que tu peux légitimement conserver ton envie de progresser dans la société. Ils doivent se dire que malgré toutes les épreuves qu'on a connues, on n'a pas baissé les bras, et donc que quels que soient les obstacles qu'on rencontrera sur notre lieu de travail, on aura la même force pour les traverser.

Clotilde : Mais fondamentalement, je ne crois pas que cette expérience m'ait changée. Peut-être que je suis juste un peu plus patiente avec les administrations.

Victor : Si je puis me permettre, je pense qu'il y a encore une part de colère en toi.

Clotilde : Bien évidemment. Et c'est normal. Cela fait partie du processus : il y a la phase de tristesse, la phase d'acceptation, et la colère, qui n'est pas encore complètement sortie. Elle vient du sentiment de culpabilité de ne pas avoir été là pour protéger mon enfant. Et puis, toute cette histoire a une incidence considérable sur ma vie puisque pendant longtemps, tout a gravité autour de Caroline. On ne faisait plus les choses que par rapport à elle. La colère est un peu plus forte aussi depuis que le jugement du conducteur a été prononcé au pénal. Je trouve la peine dérisoire au regard du préjudice subi : un an de prison avec sursis et un retrait de permis, qu'il pourra repasser dans un mois.

Victor : Moi, je ne ressens pas de colère.

Clotilde : Ce que je percevais de toi, quand on était à l'hôpital, c'est que tu étais dans le déni, que tu ne voulais pas entendre ou que tu ne voulais pas envisager ce qui pouvait arriver. Moi j'avais un côté plus pragmatique, plus terre à terre. Je savais que telle chose pouvait entraîner telle autre. J'ai toujours eu une passion pour l'univers médical. Je n'ai donc pas appréhendé les choses de la même façon, même si je n'ai pas perdu espoir.

Victor : J'en avais pour deux de l'espoir !

Chapitre 2. Caroline et Nathalie

« On a le sentiment d'être devenues les parents de nos parents »

Le 9 décembre à 16 heures, Caroline m'attendait dans sa voiture à la gare d'Évry-Génopole Le-Bras-de-Fer pour me conduire chez sa sœur Nathalie, qui vit près de leurs deux parents dont elles s'occupent ensemble depuis environ deux ans.

Caroline : Nos parents ont tous les deux 77 ans. Maman a la maladie d'Alzheimer et papa une forme de Parkinson. Ils ont déclaré la maladie quasiment en même temps il y a deux ans et demi, même si on s'en doutait depuis longtemps. On s'est aperçu que mon père avait des problèmes de mémoire il y a déjà dix-sept ans. À l'époque, j'avais réussi à avoir un rendez-vous pour lui à l'hôpital Broca dans l'équipe du professeur Françoise Forette, dont on parlait beaucoup à la télévision. Après quantité de tests, ils ont fini par diagnostiquer une démence fronto-temporale, ce qui signifie que les connexions neuronales d'une partie de son cerveau ne fonctionnaient plus. Ils n'ont pas pu déterminer d'où ça venait, ni quand cela s'était développé. On nous a juste dit qu'il fallait le surveiller. Ce qu'on a fait, jusqu'au jour où mon père, qui avait à peine 60 ans et qui voyait, dans les différents hôpitaux où on l'emmenait passer des examens, des gens bien plus atteints que lui, dont certains étaient même grabataires, a dit « Moi, je ne suis pas fou », et n'a jamais voulu y retourner. À partir de là, on a vu la maladie évoluer doucement, sans rien pouvoir y faire.

Il y a deux ans et demi, un soir, mes parents ont eu un accident de voiture. Au lieu d'avancer, mon père a reculé, mais heureusement, personne n'a été blessé. Il a alors accepté d'aller voir une gériatre, qui a diagnostiqué une maladie neurodégénérative. À cet âge-là, ils ne font plus de test pour savoir si c'est Parkinson ou autre chose. Comme s'occuper de mon père c'est épuisant physiquement et psychologiquement, l'état de santé de ma mère s'est dégradé rapidement dans les mois qui ont suivi. Elle a fini par aller voir la même gériatre, qui lui a découvert la maladie d'Alzheimer, certainement aggravée par l'environnement, la maladie de mon père, la fatigue et la vie qu'ils ont eue : ils viennent d'un milieu paysan, ils ont travaillé très jeunes, ils ont toujours dû se battre.

C'est à partir de ce moment-là qu'on a commencé à les prendre en charge. La gériatre nous a mis en contact avec l'association Hippocampes, qui nous a aidées à prendre les bonnes décisions. Nous avons pu rencontrer un ergothérapeute, qui nous a indiqué les travaux qui s'imposaient dans la maison pour pouvoir maintenir nos parents à domicile ; une assistante sociale, qui m'a orientée vers les organismes auprès desquels déposer des dossiers pour obtenir notamment l'APA [1] du conseil général. L'association nous a aussi conseillées sur la meilleure manière d'utiliser l'argent pour mettre en place des aides à domicile ou pour aménager la maison. Quelles qu'elles aient été les questions et les situations, ils m'ont toujours proposé des solutions pertinentes.

Nathalie : Ce que je trouve difficile, c'est la complexité de tout ça. À commencer par le budget de l'APA : on ne reçoit pas une somme globale que l'on peut dépenser sur justificatifs. Il y a des budgets par types de dépenses.

Caroline : Et à chaque fois qu'on change quelque chose, il faut refaire un plan de financement. On se demande souvent comment font les gens âgés qui n'ont pas d'enfants ou de proches disponibles pour s'occuper d'eux et capables de s'y retrouver dans les rouages de l'administration... Normalement, c'est le travail des assistantes sociales, mais elles ne connaissent pas les

---

1. Allocation personnalisée d'autonomie. L'APA est versée aux personnes de plus de 60 ans en situation de dépendance pour couvrir une partie des dépenses liées au maintien à domicile (APA à domicile) ou à l'hébergement dans un établissement spécialisé.

personnes comme vous connaissez vos parents. Et elles n'ont pas le temps. Mais tout ça, je dirais que c'est de la logistique, c'est de l'énergie, ce sont des dossiers... Le plus compliqué, c'est de les gérer eux psychologiquement, car ils sont dans le déni de la maladie.

Nathalie : Le plus dur, affectivement, c'est leur manière de lutter contre nous et de sentir qu'ils ne nous font pas confiance.

Caroline : À chaque fois qu'on leur propose quelque chose, il faut des mois de négociation. On essaie. Ils refusent. On recommence trois mois après jusqu'à ce qu'ils s'habituent et, comme ils oublient au fur et à mesure, ça prend beaucoup de temps. En plus, dans ces maladies-là, ils passent par des phases d'euphorie, puis de dépression. De temps en temps, ils ne nous ouvrent plus la porte. Maintenant, elle ne le fait plus, mais pendant un temps, quand je venais, maman me criait dessus. Ça me donnait envie de pleurer et je finissais par partir. Alors elle me courait après : « Excuse-moi, tu sais, je suis fatiguée. » Heureusement, les professionnels qu'on côtoie nous ont alertées : il faut laisser passer ces moments-là, qui sont des phases de la maladie.

Caroline : Ils ont fini par accepter de nous faire des procurations sur leurs comptes bancaires. Mais ça n'a pas été simple. On a dû leur forcer la main. Mes parents, ce sont des gens qui payaient tout sur place en chèque ou en liquide, même leurs impôts ou leur assurance. Un jour, il y a trois ans, on a vu arriver des lettres de GDF avec le tampon première relance, puis deuxième relance, puis troisième relance. Alors j'ai dit : « Papa, tu n'as pas payé le gaz. » Et il m'a répondu : « Ah ! non, je ne paie pas, c'est trop cher ! » À partir de ce moment-là, à chaque fois qu'on voyait arriver une facture, on créait un compte sur internet et on mettait en place le prélèvement automatique.

Il a fallu réfléchir aussi à l'aspect juridique de la situation. Il y quelques années, je suis allée voir un notaire, à qui j'ai demandé ce qu'on pouvait faire avec des parents âgés qui n'étaient plus capables de gérer les aspects financiers de leur vie. Il nous a parlé de deux choses. D'abord la procuration générale, qui nous permet à toutes les deux et à notre frère de signer à leur place les documents administratifs et de prendre toutes les décisions courantes qui n'affectent pas directement le patrimoine. Il nous a ensuite parlé d'un autre document, moins courant, qui devrait nous simplifier la vie dans l'avenir : le mandat de protection future. C'est un document dans lequel mes parents ont déclaré que le jour où ils ne seront plus en capacité de prendre des décisions les concernant, ils désignent leurs enfants pour le faire à leur place. C'est comme une mise sous tutelle, mais qui ne nécessite pas d'aller au tribunal et de suivre une procédure qui dure un an. Le jour où on se rendra compte qu'on ne peut plus vivre sans, il suffira d'aller, munies d'un certificat médical, au tribunal d'instance et dans l'heure qui suivra, la mise sous tutelle sera activée. Avec obligation de rendre des comptes au notaire. Pour nous, les enfants, c'est plus confortable psychologiquement, car ils ont donné leur accord et c'est une action moins violente que d'aller au tribunal demander une mise sous tutelle.

Nathalie : Parce que dans l'état où ils sont, s'il arrivait quelque chose à maman, comme on ne peut pas laisser papa seul plus d'une demi-heure, on serait obligés de prendre très rapidement la décision de le placer. Il faut donc anticiper pour pouvoir agir vite en cas de problème. Car depuis deux ans, les problèmes nous tombent dessus au fur et à mesure et à peine on relève la tête qu'il en arrive un autre. Ces choses-là, il faut donc les faire sans traîner.

Caroline : On s'est dit aussi que si un jour, on devait les placer dans une maison, avec la retraite qu'ils ont et leurs quelques économies, financièrement, on ne tiendrait pas dix ans. Grâce au mandat de protection future, on sera en mesure de vendre la maison.

Il y a très peu de gens qui s'intéressent aux aspects juridiques de l'aide mais je pense que c'est essentiel. Normalement, les gens qui ont un certain niveau d'éducation sont proactifs par rapport à ça. Quand ils arrivent à 60 ou 65 ans, ils prennent des garanties obsèques, ils vont chez le notaire d'eux-mêmes et signent ce genre de documents en pensant à leurs enfants.

Nathalie : Ce n'est pas qu'une question de niveau d'études. C'est aussi l'affaire de s'être posé dynamiquement la question. Papa et maman, eux, ils ont juste mis de l'argent de côté et fait du mieux qu'ils pouvaient pour nous élever, sans aller au-delà, ni pour investir ni pour préparer leur vieillesse ou leur décès. C'était au-delà de leur imagination.

Caroline : En fait, ils en ont peur.

Nathalie : Une autre chose qui est très difficile, c'est de devoir trier et jeter les affaires de ses parents pour qu'ils soient mieux dans leur maison.

Caroline : À chaque fois qu'on va chez eux et qu'on a un peu de temps, on trie et on tombe sur des choses incroyables : des recettes de cuisine de ma grand-mère ; la liste des choses que mon père voulait faire avant de mourir ; trois mallettes pleines de *Paris-Turf* d'il y a quinze ans...

Nathalie : Nos parents, ce sont des gens qui sont nés avec la guerre, qui ne gaspillent pas et qui ne jettent rien. Dans certaines pièces, on se croirait dans une cave.

Caroline : Parfois, dans une pile de *Femme actuelle* ou de *Chasseur français*, on trouve des papiers très importants pour le notaire ou qui concernent la santé. Au début, on faisait des sacs et on les mettait à la poubelle. Mais dès qu'on était parties, maman récupérait tout.

Nathalie : Elle n'accepte toujours pas ce qu'elle ressent comme une intrusion.

Caroline : Parfois elle nous dit : « J'ai de la chance, j'ai des filles formidables, elles s'occupent de moi tout le temps. » On ne sait pas trop si elle le pense vraiment ou si elle répète ce que les gens de l'extérieur lui disent. Mais parfois, on l'entend marmonner dans l'escalier...

Nathalie : Elle dit du mal de nous, elle pense qu'on fait des choses dans son dos. Ça l'énerve qu'on vienne chez elle, qu'on fouille et qu'on prenne des choses. Comme elle déplace tout et qu'elle oublie, on ne retrouve jamais rien. Et à chaque fois, elle dit : « Mais non, ce n'est pas moi. »

Caroline : Au début, on se fâchait parce qu'on ne se rendait pas compte, mais maintenant on laisse courir car ça lui fait juste de la peine.

Nathalie : Mais ce serait mieux que les enfants n'aient pas à porter ce poids. Nos parents auraient dû se projeter, vendre la maison et s'installer dans un appartement ou une maison de plain-pied.

Caroline : Il aurait fallu le faire quand ils avaient 60 ans et qu'ils n'étaient pas malades. Ils auraient eu le temps de s'adapter à un nouveau cadre de vie. Mais là, on nous a dit que si on les déménageait, ce serait fini. Même dans un appartement avec leurs affaires, ils ne s'adapteront pas. On a donc pris le parti de les laisser chez eux le plus longtemps possible car c'est là qu'ils sont heureux. Et on s'est organisées pour qu'ils reçoivent à domicile tous les soins médicaux dont ils ont besoin.

Ils ont une semaine très rythmée. Tous les lundis, ma mère va en hôpital de jour dans un service spécialisé où on leur fait travailler la mémoire et où on leur explique leur maladie. Elle adore y aller. Elle s'intéresse aux activités, elle est contente de réussir et se sent valorisée. Elle y rencontre d'autres personnes qui ont aussi des difficultés, et ça lui permet de parler avec quelqu'un d'autre que mon père. Elle apprécie la gentillesse, la disponibilité du personnel. Pendant ce temps-là, il faut s'occuper de mon père. Comme la personne qui le garde n'est libre qu'un lundi sur deux, c'est moi qui m'en occupe l'autre lundi.

Tous les jours, les infirmiers passent le matin pour faire la toilette de mon père, qui est depuis longtemps incapable de se laver, et leur donner leurs traitements. Avant qu'on ne mette ça en place, les médicaments disparaissaient : ils en prenaient trois, quatre fois dans la journée. Au bout d'un moment, on a décidé de garder les médicaments chez nous et de leur apporter un semainier, mais ils se perdaient dans les jours et les heures. Pendant un temps, on y allait donc tous les jours jusqu'à ce qu'on trouve ce cabinet d'infirmiers qui acceptent de venir à domicile le matin et le soir, pour mettre mon père en pyjama, le coucher et vérifier qu'il a pris ses médicaments. Ça a été un grand soulagement.

Un jour, je me suis aperçue que mon père ne mangeait que des biscottes. On a alors décidé de leur faire livrer les repas. Au début, comme pour le reste, ils ne voulaient pas, mais ils ont fini par s'y habituer. Deux fois par semaine, une kiné vient pour mon père. Et le vendredi, une orthophoniste, qui les prend chacun à tour de rôle. Ils ont aussi une femme de ménage une fois par semaine, une coiffeuse une fois par mois. Et un jardinier, une fois par an.

Nathalie : Après, il reste les courses. En fait, c'est comme si on gérait chacune deux maisons. On duplique tout. On est obligées d'être présentes sur tout : les courses, l'entretien de la maison, l'achat des habits, des chaussures : choisir, échanger et renvoyer quand ça ne va pas.

Caroline : Nous travaillons toutes les deux à 90 % depuis longtemps. Au début, c'était pour avoir du temps pour nos enfants. Aujourd'hui, c'est pour pouvoir être disponibles en semaine aux heures ouvrables pour nos parents. En ce qui me concerne, il m'arrive souvent de travailler le soir pour compenser.

Nous nous sommes réparti les tâches : je m'occupe beaucoup de la partie dossiers, factures, achats. Je suis la cliente favorite du magasin Paramat, spécialiste du matériel paramédical. C'est la caverne d'Ali Baba pour les couches, les fauteuils, etc. Nathalie s'occupe des courses courantes et va les voir plus souvent.

Nathalie : J'habite plus près, donc en cas d'urgence, c'est moi. Mais à part le mercredi, le samedi et le dimanche, je suis peu disponible pour des rendez-vous ou même des coups de fil. En volume, c'est donc Caroline qui s'occupe de tous les rendez-vous, des liens avec l'association Hippocampes.

Caroline : On gère aussi tous les rendez-vous médicaux pour avoir les ordonnances pour le kiné, l'orthophoniste, l'appareil auditif, l'opération de la cataracte, etc.

Nathalie : On doit y aller avec eux car ils ne sont pas capables de nous rapporter ce que les médecins disent.

Caroline : Et ils ne peuvent même plus dire pourquoi ils viennent.

Pour ce qui est de l'aide à domicile, le plus difficile, c'est de trouver des professionnels qui vous plaisent, qui plaisent à vos parents et en qui vous pouvez avoir confiance. Une fois, une dame nous avait dit : « Moi, s'ils ne sont pas d'accord, je les oblige et je leur fais faire ci ou ça. » Rencontrer des personnes capables d'appréhender avec intelligence ce genre de situation, c'est rare. On a beaucoup cherché et on a eu la chance de tomber sur deux personnes avec qui le contact est agréable, qui nous appellent pour nous raconter comment la journée s'est passée. Pour nous, c'est rassurant.

Nathalie : En fait, il se pose exactement les mêmes questions que quand on cherche une nourrice pour un bébé. On a les mêmes angoisses, les mêmes doutes, le même besoin de confiance et de douceur. Ça nous rassure un peu de savoir qu'ils ne sont pas seuls. Eux n'aiment pas qu'il y ait autant de monde chez eux, mais je pense que c'est bien que des gens passent et leur parlent.

Caroline : Au début, ma mère fermait la porte aux infirmiers. Le matin, elle les laissait venir, mais quand ils revenaient le soir, elle éteignait la lumière et elle s'enfermait dans la maison. Plusieurs fois, l'infirmier m'a téléphoné en me disant : « Je suis devant chez vos parents, ils ne sont pas là ! » J'appelais maman, qui me répondait : « On est couchés, ce n'est pas la peine qu'ils viennent. » Ça a duré des mois. Et puis un jour, on leur a dit : « Maintenant, les infirmiers, c'est aussi le soir et ce n'est pas possible autrement. » C'est horrible, mais on utilise les incidents de parcours, les moments où ils sont fatigués et malades, où quelque chose ne va pas, pour leur dire : « Maintenant, vous n'avez plus le choix, il faut absolument ce service, sinon on va être obligées de vous mettre ailleurs. » On a le sentiment d'être devenues les parents de nos parents.

Nathalie : Je ne dirais pas les parents, mais on est dans un rapport autoritaire qui est pénible. C'est déjà assez dur pour nous de les voir malades, alors d'être obligées de se fâcher pour leur imposer des choses...

Caroline : Cette semaine, j'avais acheté une barre de relèvement pour le lit, pour que mon père puisse s'accrocher et se relever (il a encore de la force dans les bras) et éviter que ma mère ne tombe en arrière en le tirant. Mais non, pour ma mère ce n'était pas possible que je l'installe. J'ai fini par m'énerver et par lui dire : « Qu'est-ce qu'il va se passer si papa tombe par terre et qu'il se casse un os ? Il sera couché et il ne pourra plus bouger jusqu'à sa mort. Et toi, tu ne pourras pas t'en occuper parce que tu seras trop vieille. Alors qu'est-ce qu'on fait ? » C'est terrible d'en arriver à dire des choses comme ça. Je l'ai évidemment regretté juste après.

Nathalie : Maman n'était pas du tout comme ça avant d'être malade.

Caroline : La maladie, ça fait changer les gens. Ma mère était très tournée vers les autres. Elle était toujours prête à aider. Elle a été longtemps assistante maternelle et s'est occupée de beaucoup d'enfants. Avec la maladie, elle est devenue moins gentille. Mon père, c'est l'inverse. Il était mécanicien et avait un tempérament très renfermé. Il ne voulait jamais aller nulle part. Depuis deux ans, il est facile à vivre. Tout lui va bien.

Nathalie : On pense aussi que le patch qu'il a pour sa maladie a eu des effets sur ses angoisses. Parce qu'il était très dur. C'était quelqu'un de distant, qui ne montrait pas ses sentiments, sauf peut-être avec notre frère.

Caroline : Encore aujourd'hui, la relation entre eux est différente. Notre frère vit en province. Il les invite chez eux une ou deux semaines par an pour des vacances. Quand il les voit, il s'en occupe toute la journée, ce qui ne nous arrive jamais. Il gère beaucoup moins de problèmes quotidiens donc il est aussi beaucoup moins en conflit avec eux que nous.

Nathalie : En fait, on sent qu'on est en décalage. S'il était seul responsable, il ferait sans doute différemment. Comme il est loin, il ne peut pas imposer grand-chose et puis, il ne veut pas aller à l'affrontement.

Caroline : On n'a pas du tout la même manière de vivre. L'été dernier, il les a emmenés au camping, au bord de la mer alors que mon père est quand même en fauteuil roulant !

Nathalie : Notre frère est plus dans l'affectif, dans le petit plaisir gratuit d'une semaine. Le camping, il l'a fait pour eux et ils n'en ont pas du tout un mauvais souvenir.

Caroline : En tout cas, je ne sais pas comment font les gens qui sont plusieurs et qui ne s'entendent pas du tout. Je pense que ce n'est pas gérable et que c'est au détriment de leurs parents. Mais heureusement, toutes les deux, on s'entend bien et entre nous, les choses sont simples. Les rôles se sont répartis assez naturellement en fonction de nos affinités et de nos disponibilités.

Nathalie : On s'appelle tous les jours et on ne fait rien sans être d'accord.

Caroline : S'il y a une chose à préserver, c'est l'entente.

Nathalie : Dans notre relation, on ne peut pas dire que ça ait changé quoi que ce soit. Mais comme on se voit et on se parle souvent, on sent moins le besoin de faire des repas tous ensemble, comme on en faisait avant.

Caroline : On n'en a plus le temps. Le peu qui nous reste, on le passe avec nos enfants, nos amis. Ce serait bien de faire un repas de temps en temps. Mais il faut s'organiser, que l'une fasse à manger, l'autre aille les chercher, les mette dans sa voiture, les ramène... Bien sûr, on le fait pour Noël, les anniversaires.

Nathalie : Mais c'est une expédition à chaque fois.

Caroline : Tout ça prend le pas sur l'affectif. Peut-être parce que nos parents changent. Mais nous aussi, on change. Maintenant quand j'arrive chez eux, j'ai des réflexes : je vérifie le courrier, j'inspecte le frigo pour m'assurer qu'il n'y a rien de périmé. Rarement, je prends le temps de parler avec eux. En même temps, ils n'ont rien à dire.

Nathalie : C'est vrai que ça fait un peu celui qui passe et qui s'en va. Parfois, j'apporte ma pince à épiler, j'assieds maman et je passe trois quarts d'heure à lui épiler les sourcils et la moustache. C'est un moment calme et elle est contente.

Caroline : Ça a changé la relation avec nos parents d'une façon qui est assez frustrante pour nous. En même temps, je n'arrive pas à lutter contre ça. Je n'arrive pas à me dire : je vais aller faire un gâteau avec maman, parce que j'ai plein d'autres choses à gérer.

Nathalie : Et puis, on n'en a pas envie. À notre âge, tu ne vas pas faire un gâteau avec maman. On rentre dans des choses qui ne sont pas naturelles et logiques.

Caroline : Mais c'est aussi le rôle des enfants de faire tout ça. J'ai l'impression que nos parents se sont beaucoup sacrifiés pour qu'on fasse des études et qu'on soit aujourd'hui toutes les deux ingénieures et mères de famille. Ce serait inconcevable pour moi de les laisser.

Nathalie : Moi, je ne suis pas comme Caroline. Par la force des choses, j'ai moins de temps à leur consacrer. Je ne suis pas à la maison le soir avant 19 heures. Et puis, j'ai deux enfants, dont une grande fille qui nécessite aussi beaucoup d'attention et d'énergie parce qu'elle est un peu difficile. Je suis donc obligée de me ménager, sinon c'est moi qui vais craquer. Mais je suis aussi moins angoissée à l'idée de laisser nos parents seuls une journée. Je serais plus fataliste. Et je n'ai jamais pensé en ces termes de « ils ont tout fait pour moi ». Je me dis juste que c'est normal. Notre mère était vraiment gentille. Je le fais parce qu'il y a de l'affection entre elle et nous. Et comme je n'habite pas loin, ça me paraît normal d'aller les voir, d'être tendre, de leur faire un bisou. Mais je ne me dis pas que je leur dois quoi que ce soit.

Caroline : Moi je ne pourrais pas vivre avec l'idée de ne pas m'en être occupée alors qu'eux se sont occupés de nous. Ce n'est pas un devoir, mais c'est plus fort que moi. En tout cas, d'être confrontée à cette situation, ça me fait beaucoup réfléchir à comment je serai dans vingt ans et quelles décisions je serai capable de prendre. J'ai pensé, une fois, à écrire une sorte de petit guide des choses à faire dès qu'on est à la retraite pour préparer les vingt années à venir. En premier, je mettrais chercher un logement adapté, s'occuper de son argent et des papiers administratifs, préparer ses obsèques.

Nathalie : Mais il faut être prêt dans sa tête à basculer là-dedans. Papa et maman ne se sentaient pas concernés du tout.

Caroline : Nous, aujourd'hui, on se sent très concernées parce qu'on vit ça tous les jours. Ce sont des maladies qui peuvent être héréditaires, alors forcément, je me pose la question de savoir ce que je ferais si je déclare cette maladie dans dix ans. Est-ce que j'aurais envie d'être une charge pour mes enfants comme mes parents sont une charge pour moi aujourd'hui ? Est-ce que je serais capable de prendre la décision d'aller dans un pays qui autorise le suicide assisté ? C'est une vraie question à laquelle il faut réfléchir aujourd'hui, tant que je suis en mesure de choisir.

Nathalie : On est plongées dedans assez tôt. J'ai 52 ans, Caroline 54. On est encore en activité, on a toutes les deux des enfants assez jeunes.

Caroline : On n'a pas eu cette période de transition où les enfants sont partis, où les parents ne sont pas encore à charge et où on a dix ans pour voyager et profiter. Quand nos parents ne seront plus là, on sera sûrement trop vieilles pour tout ça. En attendant, la situation permet de prendre un peu de recul sur des sujets pas forcément gais.

Nathalie : C'est quand même plutôt des soucis, de la tristesse. Ça nous a enlevé les repas de famille, les moments détendus, ce qu'on voit chez d'autres : les grands-parents autour de la table qui s'intéressent à leurs petits-enfants. Ça engendre aussi des tensions avec nos conjoints et nos enfants, qui ont le sentiment qu'on les délaisse au profit de nos parents.

Caroline : Mais ça nous rend parfois tolérantes et disponibles pour des choses où on l'aurait été moins. Pas uniquement dans notre famille. J'ai une collègue dont le père vient de mourir et dont la maman est malade. Je prends du temps pour parler avec elle. Peut-être qu'il y a une époque où j'aurais été moins attentive. Elle commence à aller à des réunions, et elle me dit : « Ah ! quand même, c'est compliqué tout ce que tu fais. » Je lui réponds : « Oui, mais il faut s'organiser, comme dans le boulot. Tu fais des colonnes, tu organises les choses, tu vas y arriver. » On s'aide et ça crée des liens.

Nathalie : D'ailleurs, dans l'entreprise, cette notion d'aidant se développe petit à petit.

Caroline : C'est un sujet de société d'actualité dont les partenaires sociaux ont intérêt à se saisir rapidement. Dans mon entreprise, je leur ai dit que j'étais prête à faire part de mon expérience, à aider les personnes confrontées à la même situation à monter des dossiers par exemple. Mais j'espère que ça ira plus loin. Qu'un jour, si vous êtes reconnu comme aidant, vous pourrez prendre des congés pour parents malades. Le notaire m'a expliqué qu'il existait un article de loi qui définit un statut d'aidant (ce n'est pas appelé comme ça) qui vous donne des droits dans l'entreprise. Mais cela suppose que ce statut soit reconnu dans votre service, et j'imagine que ce n'est pas sans conséquences sur votre carrière et vos responsabilités. C'est donc une étape à laquelle on arrive quand on n'a plus le choix.

Pour ce qui nous concerne, l'étape suivante serait d'aller participer à des groupes de parole, d'assister à des conférences pour aidants. Mais pour cela, il faudrait qu'on ait du temps.

Chapitre 3. Évelyne

« Avoir un enfant handicapé m'a apporté une meilleure qualité de vie »

J'ai parlé à Évelyne au téléphone pour la première fois quelques jours après les attentats du 13 novembre. Elle ne souhaitait pas que l'entretien ait lieu chez elle, en présence de son fils Nicolas. Je lui ai donc proposé de venir chez moi. La peur de prendre les transports en ces temps troublés planait encore, mais nous nous sommes dit que la peur n'aurait pas le dernier mot.

Être aidante fait partie de moi depuis que je suis toute petite sans que j'en sois vraiment consciente. Ma mère est non voyante et comme je suis l'aînée, que mon père travaillait et ne rentrait que le soir, j'ai dû, très jeune, apprendre à me débrouiller toute seule, mais aussi m'occuper de choses dont d'autres enfants ne s'occupent pas forcément. J'ai appris à lire très tôt et je lisais le courrier à ma mère. Je lui lisais aussi la comtesse de Ségur. Quand on allait faire les courses, je lisais les étiquettes des prix. Mais jamais je n'ai eu le sentiment d'être l'aidante de ma mère : j'étais d'abord et avant tout sa fille.

Et puis j'ai donné naissance à Nicolas, qui a aujourd'hui 28 ans. À la maternité, on ne m'a pas tout de suite annoncé qu'il était handicapé. À l'âge de 2 jours, il a subi une intervention, puis il a été transféré en néonatologie et au bout de dix jours, nous avons rencontré le neurochirurgien qui nous a dit que Nicolas était porteur d'un spina-bifida, c'est-à-dire un défaut de fermeture du tube neural : comme la moelle épinière ne se ferme pas, les racines nerveuses ne se forment pas. C'est une pathologie souvent associée à une hydrocéphalie [1], ce qui est le cas pour Nicolas. Concrètement, cela se manifeste par une dyspraxie [2], une difficulté de repérage dans l'espace, des problèmes de vue et de logique, des crises d'absence, une incohérence du langage, une incapacité à se mettre debout et une incontinence.

Ce serait sans doute exagéré de dire que je l'ai bien vécu, mais je l'ai bien accepté. Cela a été très difficile en revanche pour son père, qui l'a ressenti comme une injustice. Il faut une certaine force intérieure, je crois, pour pouvoir se dire : « Oui, nous avons un enfant différent, ça ne va pas être facile, mais on va y arriver. » Cette force, je la tiens peut-être de mon histoire, du fait d'avoir

1. Maladie neurologique rare due à l'accumulation excessive de liquide céphalo-rachidien.
2. Trouble d'exécution des gestes concrets.

eu une mère non voyante, du fait aussi qu'il y a toujours eu des personnes handicapées autour de moi. Au cours de danse que j'ai longtemps fréquenté, j'avais une camarade trisomique. Peut-être aussi d'avoir vécu à Argenteuil, en banlieue parisienne, au milieu de toutes sortes de différences : je n'ai jamais baigné dans un monde aseptisé avec des petits bonshommes parfaits qui se ressemblent tous.

Alors, mon fils était différent, j'avais 22 ans, j'étais dans la confiance de la jeunesse, et j'ai toujours été positive. J'avais retenu la phrase du neurochirurgien, à qui j'avais demandé ce que deviendrait Nicolas et qui m'avait répondu qu'un spina-bifida est capable du meilleur comme du pire. Je suis donc allée de l'avant, en me disant que je ferais tout pour que ce soit le meilleur, mais que ce serait peut-être le pire. Et je n'ai jamais été déçue par Nicolas. Jamais je ne me suis arrêtée à ce qu'il ne pouvait pas faire. Au contraire. Je me suis toujours émerveillée de ce qu'il pouvait faire. Ça a été une grande joie quand il a prononcé ses premiers mots parce que je me suis dit qu'il pouvait parler. *A posteriori*, je me rends compte que je ne me suis pas émerveillée comme ça pour Antoine, mon second fils, qui est né dix ans après Nicolas ; car pour lui, c'était « normal ». Alors que j'ai vécu chaque progrès de Nicolas comme une victoire sur le handicap.

Jusqu'à ses 5 ans, j'ai eu la chance de pouvoir confier Nicolas à ma mère. Au centre de rééducation qui l'a pris en charge à 6 semaines, on m'avait dit qu'on essaierait de le scolariser jusqu'au CM2. « Il ira à l'école, il sera content, il aura des copains », ai-je entendu de la part des éducateurs. Mais ce n'est pas comme ça que je concevais la scolarité de mon fils. Je l'ai d'abord inscrit dans une petite école privée où il est resté jusqu'au CE1. Après, l'école n'a plus voulu le garder : la directrice avait changé et n'était pas favorable à cette intégration. Nicolas s'est alors retrouvé scolarisé à la maison pendant trois ans avec le système de l'association Votre école chez vous, ce qui n'a pas été simple pour moi car je travaillais à domicile. On était donc ensemble 24 heures sur 24. Est arrivé un moment où nous n'avions plus d'intimité : Nicolas était en permanence complètement dans ma vie et moi complètement dans la sienne.

Après ça, il a fait une année de collège en intégration à Colombes, mais ça a été compliqué. On s'est aperçu qu'il avait des difficultés particulières et qu'il avait besoin d'un enseignement spécialisé. Il est donc parti dans une structure d'enseignement adapté à Vaucresson puis à Garches. Là, il a pris son temps ; on a aménagé sa scolarité pour tenir compte de ses difficultés de concentration, et il a fini par décrocher un bac professionnel métiers du secrétariat. Ensuite, il a tenté un BTS en alternance, mais le CFA[3] n'a pas mis en place les mesures d'accompagnement nécessaires et c'est devenu trop lourd pour lui.

---

3. Centre de formation d'apprentis.

Depuis deux ans, il est à la maison, sans activité professionnelle. Il pourrait trouver un emploi à temps partiel, mais comme il est en fauteuil et ne peut pas se déplacer seul en raison de ses troubles de repérage et de son épilepsie, il faudrait l'accompagner et aller le chercher le soir, ou dans la journée s'il avait un problème. Or, il n'existe actuellement aucune structure pour prendre ça en charge. Ce serait donc très contraignant pour nous, et comme Nicolas se fatigue vite, on risque surtout de détériorer son état de santé. On est donc aujourd'hui dans une phase intermédiaire où il a de petites activités associatives et où on commence à réfléchir sérieusement, ensemble, à la question de son autonomie. Question compliquée et un peu angoissante. Il existe des appartements thérapeutiques, des foyers logements qui pourraient être une bonne solution dans les années à venir. Mais ce n'est pas simple à mettre en place et pour l'instant, Nicolas est encore très immature et a besoin de beaucoup de présence. Il n'a pas vraiment pris conscience qu'à un moment donné, il va lui falloir prendre son envol. Quand on a essayé d'aborder la question avec lui, il ne l'a pas très bien compris et nous a dit : « Vous voulez vous débarrasser de moi. » Il ne souhaite pas du tout vivre en institution. C'est sûr que la vie peut y être très contraignante : ce n'est pas forcément agréable d'être levé à 5 heures et couché à 18 heures parce que le personnel de l'établissement doit s'occuper de tout un étage. Cela entame beaucoup la liberté, qui est déjà bien limitée par le handicap.

Cette question de l'avenir est pour moi la question la plus lourde à porter parce que le quotidien, on l'organise. Antoine, son frère, est très proche de lui. Il m'a dit qu'il ne le laisserait jamais tomber, mais il a sa vie à construire et je ne pense pas qu'il soit normal pour des parents de léguer l'aide à la fratrie. En même temps, cela me rassure de savoir qu'Antoine aura toujours un œil attentif sur son frère. En tout cas, on finira par trouver, je ne dirais pas la bonne, mais la meilleure solution possible. L'idéal serait que je vive centenaire et en bonne santé !

De mon côté, j'ai toujours continué à travailler. Comme je suis d'une nature indépendante et que je ne supporte pas d'être espionnée par un défilé de chefs, petits et grands, qui ne sauraient pas faire mon travail, j'ai toujours préféré les petites entreprises. J'ai d'abord été secrétaire de direction, puis, au hasard de mon premier poste, j'ai commencé à travailler dans l'export de pièces détachées à l'international. Dans l'entreprise où je travaillais, j'avais un patron très compréhensif qui m'autorisait à m'absenter quand Nicolas était hospitalisé, à décaler mes horaires pour l'accompagner aux consultations. Ce n'était pas simple par rapport aux collègues, dont certaines avaient aussi des enfants en bas âge et qui jalousaient cette liberté qu'on m'accordait à cause du handicap de Nicolas.

Et puis, l'entreprise a cessé ses activités. Entre-temps, du fait de la situation, je m'étais séparée du père de Nicolas. Par le travail, j'ai rencontré Paul, mon compagnon actuel, avec qui nous avons décidé de créer notre entreprise de négoce, dont je m'occupe de la gestion administrative, financière et comptable. Cela a impliqué de renoncer à un certain niveau de revenus, mais nous a permis d'organiser notre emploi du temps autour de Nicolas : pouvoir l'accompagner et le chercher à l'école, l'emmener chez le kiné, etc. Et puis notre fils Antoine est arrivé, qui a aujourd'hui 18 ans et qui a aussi profité d'avoir des parents disponibles.

Paul a très bien accepté Nicolas. On se complète, au point que je considère que nous sommes tous les deux coaidants. C'est pour ça que je ne ressens pas forcément la lourdeur de l'aide. Nicolas a besoin d'une vie cadrée, assez linéaire. Cela suppose de caler l'organisation de la vie de la famille sur son emploi du temps, pour qu'il puisse être couché à une heure précise. Alors plus on est nombreux dans le circuit, plus c'est facile. Jamais je n'aurais pu y arriver si j'avais été seule avec Nicolas. Mais dès qu'il y a une petite poussière dans les rouages, un changement de rythme par exemple, il faut tout réorganiser.

Dans l'absolu, Paul et moi sommes interchangeables, même si dans les faits, nous avons chacun des tâches assignées : je m'occupe de tous les soins et Paul, lui, se charge davantage de l'accompagner à ses rendez-vous, à ses activités sportives et de loisirs. Antoine aussi l'emmène se promener, lui apprend à se servir de l'ordinateur, lui fait faire des travaux manuels. Quand Paul a été hospitalisé une semaine, Antoine n'a pas hésité à annuler sa semaine de vacances pour s'occuper de son frère pendant que j'étais aux côtés de Paul et que j'assurais les activités de l'entreprise. Antoine est donc également aidant depuis tout petit, sans s'en rendre compte.

Grâce à cette organisation, nous arrivons à avoir chacun une vie en dehors du handicap, ce qui est très important : j'ai vu tellement de familles étouffées par l'aide. Il m'arrive de prendre du temps seule avec Antoine, voire de faire deux fois la même activité : une fois avec Antoine, une fois avec Nicolas. Je sais que le handicap impacte forcément une fratrie et il est important que l'enfant valide existe aussi et puisse avoir l'attention de ses parents.

Au quotidien, aider Nicolas, c'est s'occuper de toute une gestion administrative et notamment du suivi des dossiers MDPH[4], etc. C'est aussi le lever et le coucher, s'occuper de sa toilette et de ses soins médicaux (sondages, lavements, pansements d'escarres), préparer ses vêtements dans le bon ordre parce que si j'ai le malheur de poser le pantalon avant le caleçon, Nicolas ne raisonnera pas logiquement et il mettra le pantalon avant le caleçon. Il faut donc toujours vérifier qu'il est bien habillé, que l'étiquette du pull n'est pas devant derrière ; s'assurer que ses mains sont propres, qu'il s'est brossé les dents. Il faut lui préparer ses repas, l'aider à manger, à prendre ses rendez-vous médicaux,

4. Voir note 6, p. 26.

à rédiger ses courriers, l'accompagner s'il a besoin de sortir, l'aider à organiser son emploi du temps pour qu'il ne reste pas oisif. Depuis peu, il s'est remis à lire, ce qui me plaît bien.

À 13 ans, quand il est entré à l'école de Vaucresson, le centre de soins m'a dit que ce n'était plus à moi de faire sa toilette et qu'il fallait désormais que je confie cette tâche à une infirmière. Mais je n'ai jamais trouvé quelqu'un qui accepte de venir à 6 heures du matin pour qu'il soit prêt à temps. Et je n'ai pas voulu de cette intrusion d'intervenants dans notre vie. J'ai une amie qui travaille, qui vit seule avec un fils lourdement handicapé et qui n'a pas d'autre choix que d'avoir recours à une aide extérieure. Mais pour elle, c'est plus une source de stress qu'autre chose. Elle est obligée d'être habillée quand la personne arrive. Hors de question de traîner en chemise de nuit et en charentaises ! Et elle doit rester à côté de la personne quand elle fait les soins, ce qui finalement ne lui fait pas gagner de temps. Surtout, le fait d'avoir des personnes qui viennent à la maison à heures fixes, cela oblige à anticiper sans cesse. Comment improviser une sortie le week-end quand vous savez que quelqu'un doit passer à une certaine heure ?

De mon expérience, ne pas avoir recours à une aide humaine extérieure permet de vivre le plus normalement possible et de gérer le rythme de la famille comme on en a envie, sans s'ajouter de contraintes d'organisation supplémentaires. Et puis, ça ne nous pose aucun problème, ni à Nicolas ni à moi, que je m'occupe de ses soins intimes. J'ai appris à dissocier les rôles : quand je lui fais un lavement, un pansement, un sondage, tous ces gestes très techniques que j'exécute avec un certain automatisme, je suis complètement quelqu'un d'autre. Je sors de mon rôle de maman. Dans ces moments-là, si Nicolas essaie de me parler, je lui dis : « Stop, maman n'est pas là, elle t'a dit bonjour et elle est sortie », car je sais que ce n'est pas le rôle d'une maman que de s'immiscer dans l'intimité de son fils de 28 ans. Instinctivement, je sens ce qui est du rôle de la maman et ce qui est du rôle de l'aidante. Pour Nicolas aussi, c'est très clair. Quand on lui demande si cela le gêne que ce soit sa mère qui lui fasse sa toilette, il répond : « Quand elle fait ma toilette, ce n'est plus ma maman, je ne peux même pas lui parler ! »

Cette distance, je crois l'avoir acquise quand il était petit. J'ai eu la chance de rencontrer d'autres familles, qui m'ont beaucoup plus appris sur les pathologies de Nicolas que les médecins, même si j'ai toujours eu affaire à d'excellents spécialistes, très humains. Dans mon entourage proche, j'avais notamment un fournisseur, dont le fils avait un spina-bifida et qui m'avait prévenue : « Tu verras, quand tu devras le mettre dans les appareils pelvi-pédieux[5], ton fils te suppliera de ne pas le faire. Mais fais-le. Nous, nous avons beaucoup pleuré après

5. Appareils qui tiennent l'enfant des pieds jusqu'au-dessus de la taille grâce à un système de corset et de loquets aux genoux et aux hanches qui permet de redresser le corps et de corriger les mauvaises postures.

quand il a fallu faire une arthrodèse[6] à Benoît pour sa colonne parce qu'on s'était laissé apitoyer. » Et effectivement, ça a été difficile. Quand je l'approchais, Nicolas me disait « Non maman, pas d'appareil, pas aujourd'hui », et je lui disais : « Si, il faut le mettre. » Ce n'était plus Nicolas, c'était un enfant, et pour son bien, cet enfant devait porter son appareil. En tant que mère, c'est très culpabilisant de faire délibérément pleurer son fils ou de l'emmener en consultation le mercredi au lieu de le laisser jouer tranquillement. Je crois que c'est à ce moment-là que j'ai réussi à dissocier ce qui relevait des gestes techniques et ce qui relevait de mon rôle de maman. D'où peut-être le détachement que j'ai aujourd'hui pendant les soins.

En même temps, cette proximité crée une relation très intuitive entre nous. En termes de caractère et d'intérêts, c'est avec Antoine que j'ai le plus d'atomes crochus. Mais avec Nicolas, on n'a pas besoin de se parler pour se comprendre. Toutes ces heures passées dans des salles d'hôpital, voire de réanimation, où, en tant que maman, j'étais impuissante et où la seule chose que je pouvais faire était de lui tenir la main en lui disant « Ne t'en va pas » créent des liens complètement invisibles, qui dérangent parfois notre entourage. Ça peut même être assez cocasse parfois et on en rit. Devant un obstacle infranchissable avec le fauteuil, je lui dis : « Lève toi et

6. Intervention chirurgicale destinée à bloquer définitivement une articulation et, ce faisant, à la rendre indolore.

marche. » Ou alors il me dit : « Maman, il faudrait rouler un peu plus vite, tu n'avances pas. » Ce n'est pas un lien de dépendance. Je tiens à ce qu'il y ait de l'échange, du donnant-donnant. Sinon l'aide pèse trop. Il m'arrive de rester au lit et de dire à Nicolas : « Nico, tu me fatigues, attends un peu. » Je suis obligée d'avoir des exigences avec lui, parce qu'il est hors de question que le handicap donne tous les avantages. Et il faut qu'il s'habitue à ce que son aidant ne réponde pas instantanément à toutes ses demandes. Le jour où je ne pourrai plus m'occuper de lui et qu'il aura affaire à des aidants professionnels, ses besoins ne seront certainement pas satisfaits dans la seconde.

Il faut moi aussi que je prenne soin de moi pour préserver mon capital santé. Ce que je ne fais pas toujours. Voilà deux mois par exemple que je ne trouve pas le temps d'aller chez le coiffeur. Cette année, j'ai fêté mes 50 ans et je voulais faire un bilan de santé complet. Mais à chaque fois que je me dis que je vais m'occuper de moi, aller faire des analyses de sang, il y a toujours autre chose de plus important. Je n'ose pas le réveiller à 6 heures parce que je dois être à 7 heures au laboratoire... On s'oublie facilement quand on est aidant, alors qu'il faudrait faire particulièrement attention à soi. Heureusement nous avons la chance d'avoir beaucoup d'amis, ce qui permet d'avoir des relais de temps en temps et un peu de répit. Mais on ne peut pas se dire qu'on prend une semaine de vacances en amoureux !

Le milieu institutionnel n'a pas la capacité de répondre correctement à ce besoin de répit : il y a un manque criant de places et la qualité de l'accueil n'est pas à la hauteur. Je culpabiliserais trop si, pour prendre quelques jours de vacances, je laissais mon fils dans un endroit où je savais qu'il n'était pas bien. Là, c'est le lien familial qui parle : on ne s'accorde pas le droit de mettre nos aidés dans des endroits où, pour notre propre confort, ils ne seraient pas bien. Les aidants que je connais qui mettent leur aidé dans un accueil de jour ou dans une institution le font parce qu'ils n'ont pas le choix. Jamais en se disant : « J'en ai assez, je te pose là que tu sois bien ou pas, et je prends une semaine de vacances. »

Plus globalement, les dispositifs en place pour soutenir les aidants sont très culpabilisants dans la manière dont ils sont proposés. Quand vous êtes aidant familial dédommagé d'adulte handicapé, vous devez déclarer la somme que vous percevez dans la case « bénéfices non commerciaux ». Pour des parents, remplir une déclaration d'impôts et se dire : je m'occupe de mon enfant 24 heures sur 24, je peux percevoir au grand maximum 1 100 euros par mois – sur lesquels, je dois payer la CSG et pour lesquels je ne cotise pas à la couverture sociale – et je me fais du « bénéfice » sur le dos de mon enfant que j'aide, c'est extrêmement cruel.

C'est peut-être parce qu'il faut sans cesse se justifier que j'ai mis très longtemps à me reconnaître comme aidante. J'étais d'abord une maman. Une maman différente avec chacun de ses deux enfants. Ce n'est que lorsqu'on a commencé à parler des aidants que je me suis reconnue comme telle. Parce qu'aidante, je l'ai dit, je le suis sans le savoir depuis quasiment ma naissance. Avec l'Association nationale spina-bifida et handicaps associés (ASBH)[7] dont je fais partie, j'ai eu la chance de participer au projet Grundtvig sur les aidants familiaux[8], projet qui m'a aidée à prendre conscience de mon rôle et à me conforter dans ma mission. Avant cela, quand je me pensais aidante, j'avais le sentiment de reprocher quelque chose à Nicolas. Cela me renvoyait au fait que je faisais plus pour Nicolas que pour Antoine. J'en ai particulièrement pris conscience quand j'ai dû remplir un dossier pour la MDPH où il me fallait expliquer ce que je faisais pour Nicolas du fait de son handicap. Or, quand on est mère, on fait les choses naturellement, sans se poser la question de savoir si c'est normal ou lié au handicap. Mais en mettant très concrètement en parallèle ce que je faisais différemment pour chacun de mes deux fils, je me suis vraiment

---

7. www.spina-bifida.org (page consultée en mars 2016).

8. Projet européen intitulé « L'auto-évaluation de leurs besoins par les aidants familiaux, un point de départ pour obtenir de l'aide », le programme Grundtvig a été mené par douze organisations membres de la Coface (Confédération des organisations familiales de l'Union européenne) entre 2010 et 2012. Son objectif était d'identifier, à l'échelle européenne, les bonnes pratiques en matière de sensibilisation et de formation pour permettre aux aidants de prendre conscience de leurs problèmes, de définir leurs besoins et de demander les aides nécessaires.

aperçue que j'étais aidante. Et ça n'a pas été simple car en me rendant compte de ce que je faisais pour Nicolas et que je n'avais jamais fait pour Antoine, j'ai eu le sentiment de reprocher quelque chose à Nicolas. C'était une façon de dire : je fais ça pour toi à cause de ton handicap et cela me prend du temps, donc ton handicap est chronophage. Pensée dont j'ai mis plusieurs mois à me défaire pour retrouver mon sentiment premier qui est que, même s'il y a des moments où c'est lourd, physiquement et moralement, je le fais naturellement, sans avoir la sensation que cela me pèse. D'ailleurs, à partir du moment où cela devient une contrainte, on ne peut plus être aidant. On court trop le risque d'entrer dans une forme de maltraitance. Pour empêcher ça, il faut éviter au maximum de s'enfermer dans un binôme fermé aidant-aidé...

Voilà pourquoi au-delà de l'aspect financier, j'ai toujours tenu à garder une activité professionnelle qui m'a permis de vivre autre chose que l'aide, de garder un regard ouvert sur la société, d'avoir des contacts avec d'autres personnes, d'autres discussions que celles qui tournent autour du handicap, de la maladie, des difficultés. Je pense que si j'avais arrêté de travailler, ça aurait été une catastrophe, pour moi autant que pour Nicolas. À passer sa vie côte à côte, on s'appauvrit et on n'apporte pas grand-chose à ses enfants. On peut même en arriver à ne plus se parler. C'est aussi pour ça que je pousse Nicolas à faire des choses de son côté, sans nous, dans des endroits où je sais qu'il sera en sécurité.

Je suis très investie dans le milieu associatif, ce qui m'apporte humainement beaucoup. J'accompagne d'autres familles, comme au début j'ai été aidée et accompagnée par d'autres parents. J'ai l'impression que c'est plus facile aujourd'hui pour les jeunes parents car ils entendent beaucoup parler de la notion d'aidant qui permet, je trouve, de situer sa place et de clarifier le rôle qu'on a à jouer. Mais ça peut aussi avoir un côté pernicieux. Je rencontre parfois des parents dont l'enfant a un handicap mineur et qui s'autoproclament aidants avec des exigences institutionnelles qui ne sont pas forcément justes ni bonnes pour les enfants. J'entends par exemple des parents d'enfant handicapé qui réclament de l'aide pour l'accompagner à l'école. *Idem* pour les couches : certains demandent conseil pour se faire financer les couches de leur bébé handicapé. Alors auprès de ces parents, je passe pour une méchante parce que je leur réponds que tous les parents doivent acheter des couches pour leur bébé ou accompagner leur enfant à l'école. Ce n'est qu'à partir du moment où l'enfant grandit et continue à avoir besoin de couches ou d'être accompagné à l'école, du fait de son handicap, que cette demande devient légitime.

Il y a des familles où la notion d'aidant est inculquée dès la découverte du handicap, et de ce fait, il n'est plus question de parents et d'enfants, mais d'aidants et d'enfant handicapé. Or, ça peut être très malsain voire destructeur pour l'enfant que d'être d'abord et uniquement perçu à travers son handicap. Qu'est-ce qui va le pousser à le dépasser si d'emblée on le réduit à ça ? J'ai le sentiment qu'on a longtemps nié ou complètement occulté le handicap et qu'aujourd'hui, c'est l'inverse. On met trop l'accent dessus. Mais ce n'est pas facile et je ne jette la pierre à personne, pas plus que je ne me décerne la médaille de la meilleure maman.

On a une grosse responsabilité quand on est parent d'enfant handicapé. On est souvent amené à prendre des décisions qui peuvent être lourdes de conséquences, comme celle d'opérer ou de ne pas opérer. J'ai appris à ne pas faire aveuglément confiance aux médecins, à consulter pour avoir d'autres avis et éventuellement à leur dire non. Mais quand vous refusez une intervention, vous vous demandez toujours si vous avez fait le bon choix. Parfois, ça m'a empêché de dormir. En même temps, si j'avais laissé faire, il y aurait eu bien des opérations pour rien. Heureusement, j'ai eu la chance d'être épaulée par un très bon médecin de famille et par l'ASBH. Les relations avec les autres familles sont importantes aussi.

Je ne suis pas sûre que ce soit la fonction d'aidant qui m'apporte énormément. Mais (et c'est quelque chose qui fait hurler les gens quand je le dis) avoir un enfant handicapé m'a apporté une meilleure qualité de vie. Quand on a une vie « normale », on a des préoccupations qui sont quelquefois ridicules ; on s'inquiète pour des choses qui n'ont aucun intérêt. Avant d'avoir Nicolas, je pouvais me rendre malade pour 100 euros de découvert à la banque. Mais quand c'est la vie qui est en jeu – et on en a eu des moments sur le fil du rasoir avec Nicolas –, on voit les choses complètement différemment et on apprécie encore plus les moments simples. On prend le meilleur de chaque instant. Avoir renoncé à une activité professionnelle très lucrative nous a donné la possibilité d'une vraie vie de famille. Je ne suis pas sûre que nous aurions réussi à créer ce petit cocon familial s'il n'y avait pas eu le handicap. Je serais partie en déplacement ; j'aurais eu des dîners par-ci, des réunions par-là ; j'aurais confié mes enfants à des baby-sitters. Il y aurait eu moins de moments partagés et aujourd'hui, cette complicité qu'on a tous les quatre et la force qu'elle nous donne, nous permettent de traverser les moments compliqués. Comme on vit différemment, on vit mieux.

Cela m'a permis aussi d'être mieux entourée. À la naissance de Nicolas, le tri s'est fait naturellement entre les gens qui se sont tout de suite envolés par rejet ou peur du handicap, la famille et les amis qui étaient là, présents, inconditionnellement, et ceux qui n'étaient habités que par une curiosité malsaine. Aujourd'hui, nous avons un cercle amical et familial sur lequel nous pouvons vraiment compter et c'est une sacrée force. Quand on est optimiste et positif, les difficultés s'estompent, mais je n'y serais pas arrivée s'il n'y avait pas eu mon entourage. J'ai choisi de ne pas porter le handicap comme quelque chose de triste, qui empêcherait de vivre, et heureusement parce que quand on est toujours sur les nerfs, en train de pleurnicher, forcément, les gens se lassent et se détournent de vous. Il faut avoir une certaine force de vie et la transmettre à nos enfants, qu'ils soient handicapés ou pas. Alors, même si parfois on pleure, les choses se construisent, l'une après l'autre. La différence entre élever un enfant valide et élever un enfant handicapé, c'est que quand on a un enfant qui va parfaitement bien, on l'aide à grandir, à déployer ses possibilités. Quand on a un enfant handicapé, en l'aidant à grandir, on grandit nous aussi.

Chapitre 4. Odile

« C'est un peu comme si j'avais réussi à l'apprivoiser »

J'ai rencontré Odile chez elle à Paris le 3 décembre 2015. Je lui avais envoyé un mail pour lui présenter le projet et lui demander un rendez-vous. Au téléphone, elle m'a dit : « Je ne suis pas une aidante comme les autres », de peur que son témoignage ne cadre pas avec des attentes très ciblées. Mais y a-t-il un aidant comme les autres ?

Victor est un enfant autiste non verbal, qui a aujourd'hui 21 ans. Il est né en Belgique, où mon mari travaillait à l'époque. La naissance de Victor a été difficile et le personnel médical nous a tout de suite alertés sur les risques de séquelles et la nécessité d'un suivi. Nous sommes rentrés en France quand il avait 18 mois. Je me souviens de ce samedi matin de juillet et de cette consultation où nous avons compris que Victor était autiste et qu'il lui faudrait une prise en charge toute sa vie. Je venais d'avoir un deuxième fils, Félix, que j'allaitais. Le choc a été tel que la lactation s'est arrêtée d'un coup. C'était le week-end et on s'est retrouvés sans biberon, sans lait. La panique totale ! J'en ris aujourd'hui, mais ça a été vraiment très dur.

Je n'avais jamais été en contact avec des personnes handicapées ; je ne savais pas ce que c'était, ni ce que voulait dire ce mot : autiste. Certaines personnes nous disaient : « Il va grandir, ça s'arrangera. » Mais nous avons très vite su que ça ne s'arrangerait pas. Heureusement, nous avons tout de suite été sensibilisés au fait qu'il fallait qu'il ait une prise en charge intensive et précoce, c'est-à-dire qu'il soit sollicité au minimum vingt-quatre heures par semaine, par des interactions sociales, des jeux. À l'époque, c'était le début d'internet et nous avons pu trouver des informations très utiles, savoir ce qui se faisait dans d'autres pays. Après quelques recherches, nous nous sommes tournés vers l'équipe d'une psychologue en hôpital de jour qui mettait en place une unité innovante de prise en charge pour de très jeunes autistes où les parents étaient encouragés à s'impliquer, à utiliser des méthodes éducatives et à poser un regard positif sur leur enfant. Cette équipe nous a mis en relation avec d'autres familles. Nous avons aussi adhéré à une association de parents qui militaient pour les méthodes éducatives. On s'est entraidés et on a cheminé comme ça.

Quand je regarde le parcours de Victor, je m'aperçois qu'il est l'exception qui confirme la règle selon laquelle il n'existe pas de prise en charge correcte pour les personnes autistes en France. Victor a, en effet, été pris en charge correctement de ses 18 mois jusqu'à l'âge adulte, ce qui a permis de minimiser son handicap. À la maternelle, il a été scolarisé dans une classe ordinaire où il était accompagné par des éducateurs. En primaire, il était dans une Clis [1], classe spécialisée pour les enfants autistes, de l'enseignement catholique, à l'époque une des premières classes ouvertes pour les enfants autistes à Paris. Grâce aux revendications des parents, des places ont été créées dans le public et nous avons insisté pour que Victor y soit scolarisé, parce que nous estimions que c'est le rôle de l'école publique que d'accueillir tous les enfants, quels qu'ils soient.

Et tout s'est bien passé pour lui. Il est très simple, très gentil et il intègre parfaitement les règles. Quand il était petit, les mères le montraient souvent en exemple à leurs enfants dans les files d'attente : « Tu vois, lui, il se tient tranquille. » Il sait qu'il ne faut pas faire de bêtises et il ne comprend pas que les autres en fassent. Ce qui fait qu'il est très facile à « garder » et qu'il a pu être scolarisé sans problème. À l'école, ils auraient voulu le prendre à plein temps, mais je pensais qu'il avait besoin d'apprentissages plus intensifs et plus ciblés. Avec une psychologue et une éducatrice, nous avons mis en place un programme pour développer des compétences très particulières à raison de deux demi-journées par semaine.

---

1. Classe pour l'inclusion scolaire.

Au lycée, ce programme spécifique a pris le pas sur l'enseignement classique : il n'était plus scolarisé que deux journées par semaine et le reste du temps, il suivait la filière cuisine d'un lycée professionnel, qui ouvrait une classe spécialisée pour des élèves avec un handicap mental. La cuisine fait partie des activités qui suscitent sa curiosité depuis qu'il est tout petit et je trouvais important qu'il ait une formation professionnelle et que sa vie ne se réduise pas à celle d'une personne « assistée ». Le directeur et l'équipe pédagogique pensaient au départ qu'ils amèneraient nos enfants à passer le CAP. Ils ont vite compris que pour Victor, l'objectif ne pouvait pas être là, même si ses professeurs ont toujours trouvé qu'il se comportait d'une manière formidable dans une cuisine.

Quand il était encore au lycée, une cuisine centrale [2] a ouvert près de chez nous, où on a réussi à lui faire faire un stage. Pendant un moment, nous aurions aimé qu'ils l'embauchent, mais nous nous sommes finalement rendu compte que ça ne conviendrait pas. Les conditions de travail sont très difficiles : il y a les chambres froides ; les journées de travail commencent à 6 heures, ce qui ne pose pas de problème à Victor, mais il faut qu'il soit accompagné – au moins pendant un temps – par un psychologue et un éducateur, qui observent et proposent des ajustements pour permettre l'intégration profession-

2. Équipement municipal qui élabore l'ensemble des repas des écoles du quartier.

nelle. Mais eux ne commencent pas à travailler à 6 heures. Et surtout, si en théorie les gens de la cuisine centrale étaient ravis de l'accueillir, en pratique, ils voulaient quelqu'un de polyvalent, ce qu'on ne peut absolument pas attendre de Victor. Ils ne se rendaient pas vraiment compte de ce que cela implique que d'intégrer une personne différente.

Alors, mon mari et moi nous sommes à nouveau questionnés sur son avenir et nous avons monté une association pour créer une structure qui lui corresponde. Mais nous avons compris peu de temps après que le mode de financement des établissements avait changé et qu'il était désormais impossible pour des associations de parents comme la nôtre d'ouvrir un établissement. Et comme il y a un manque criant de places pour les personnes autistes, on s'attendait à devoir patienter longtemps. Sauf que tout à fait par hasard, nous avons été mis au courant de l'ouverture d'un FAM [3], structure de vie spécialisée dans l'autisme, qui proposait douze places à des Parisiens. Le projet nous plaisait bien ; les moyens mis en œuvre étaient importants et Victor, qui venait de terminer son cursus au lycée, avait le profil idéal. Nous n'étions pas forcément prêts à le laisser partir si tôt : on se préparait plutôt à réaménager l'appartement pour qu'il

3. Foyer d'accueil médicalisé qui offre un logement et des activités « occupationnelles », qui peuvent parfois être similaires à du travail, à des personnes handicapées adultes relativement autonomes mais qui ne peuvent pas travailler ni vivre seules en milieu ordinaire.

puisse avoir une pièce dédiée au travail. Et dans l'absolu, nous aurions souhaité pour lui quelque chose de plus ouvert. Je trouve important pour elles, comme pour les autres, que les personnes handicapées ne soient pas mises dans un bocal. Mais Victor n'était pas suffisamment autonome pour pouvoir vivre dans un établissement ouvert. Finalement, nous nous sommes dit que c'était le bon moment pour lui et que cette opportunité ne se représenterait peut-être pas tout de suite. Nous avons donc postulé. Le directeur a demandé à Victor s'il voulait venir là, et Victor a répondu « Oui ». Il a presque parlé. Ça a fait beaucoup d'effet !

Aujourd'hui, cela fait deux ans et demi qu'il vit dans cette structure où toutes les activités sont adaptées et où il pourra rester toute sa vie. Il y a une ferme, un prestataire qui prépare les repas, et Victor participe à la cuisine. Il vit avec huit autres personnes dans une maison où il a sa chambre et sa salle de bain privée. Même si ce n'est pas exactement ce qu'on voulait pour lui, c'est une tranquillité d'esprit énorme que de savoir qu'il est content d'être là où il est et que nous ne lui sommes plus indispensables.

Pour moi, en revanche, son départ de la maison n'a pas été facile. J'avais 56 ans et je me suis retrouvée désœuvrée pratiquement du jour au lendemain. J'avais arrêté de travailler avant la naissance de Victor quand nous étions partis vivre en Belgique. À notre retour, j'ai d'abord voulu reprendre le travail, mais avec tous les rendez-vous, les allers-retours en voiture chez les professionnels où je tenais à l'accompagner, je me suis vite rendu compte que ça serait compliqué. J'ai alors donné quelques cours et je me suis beaucoup investie dans la gestion administrative de l'association de parents gérant le Sessad[4] qui prenait en charge une vingtaine d'enfants autistes scolarisés en milieu ordinaire à Paris, dont Victor quand il était tout petit. Et puis peu à peu, certaines des personnes qui s'occupaient de lui sont parties à la retraite. Avec leur départ, c'était tout un travail qui lui était indispensable qui s'interrompait. J'ai alors compris à quel point il avait besoin de continuité et c'est là que j'ai commencé à m'investir vraiment dans son éducation.

Cela n'a pas été évident. C'est déjà difficile pour une femme de s'arrêter de travailler pour s'occuper d'un enfant ordinaire... Et puis on peut penser qu'il y a des organismes pour prendre en charge les enfants handicapés. J'ai fini par être en paix en lisant, des années après, le livre d'une Anglo-Saxonne[5] qui raconte que dans ces pays-là, quand une famille est confrontée à ce genre de problème, la première question que les profes-

4. Service d'éducation spéciale et de soins à domicile : équipe pluridisciplinaire qui intervient sur le lieu de vie des personnes handicapées, à la maison, à l'école ou dans les locaux du Sessad.

5. Mary Lynch Barbera, *Les Techniques d'apprentissage du comportement verbal. Enseignement de la communication et du langage par les techniques de la méthode A.B.A. aux enfants atteints des troubles du syndrome autistique*, Grasse, AFD Éditions, 2010.

sionnels posent au couple parental, c'est « Lequel de vous deux va devenir le thérapeute de votre enfant ? » Cette question, qu'est-ce que j'aurais aimé qu'on nous la pose ! Savoir tout de suite qu'il ne suffisait pas de s'occuper un peu de Victor, le soir ou le week-end, mais que son handicap nécessitait des ressources et une énergie telles qu'il fallait que l'un de nous deux s'y consacre à temps plein. Que personne ne serait aussi motivé que nous, que moi, pour lui donner envie de progresser. Cela m'aurait aidée aussi de savoir d'emblée que je ne pouvais pas trop attendre des professionnels, qui ont tendance à dire « Ne vous inquiétez pas, c'est notre métier, on s'en occupe », et qui vous parlent à peine de ce qu'ils font avec votre enfant. Or, tout le travail que j'ai fait avec Victor sur le plan cognitif nécessite un suivi colossal et une centralisation des informations que j'étais la seule à pouvoir assurer.

C'est pour cela peut-être que je ne me considère pas comme aidante. Parce que n'importe quelle personne qui apprendrait à Victor certains gestes, ou l'aiderait à acquérir plus d'autonomie, peut se considérer comme aidant. Alors que moi, je me sens davantage dans mon rôle de mère. La mère d'un éternel bébé qui n'aura jamais fini d'apprendre. Mais je ne pensais pas avoir à m'investir comme je l'ai fait. Je ne le regrette pas, car je ne suis pas sûre que je me serais épanouie dans une activité professionnelle. Là, au contraire, j'ai vraiment eu l'impression d'être utile et d'avoir développé des choses incroyables, par exemple autour de la musique.

On pourrait penser qu'une personne autiste ne peut pas jouer du piano. Mais en fait, c'est très adapté, parce qu'il n'y a rien qu'on ne relit d'une façon aussi systématique et répétitive qu'une partition. Au début, avec un système de couleurs et de numéros pour les doigts, Victor a réussi à déchiffrer une ligne et je me suis demandé s'il comprendrait qu'il fallait passer à la suivante. Et il a réussi ! Aujourd'hui, Victor lit très bien la musique et ça l'a beaucoup aidé par ailleurs à faire fonctionner son cerveau. Il peut lire les mots qu'il connaît, les recettes de cuisine, les consignes qu'il doit exécuter. Il peut faire une liste de courses à laquelle on réfléchit ensemble. Il aime lire des histoires simples, avec quelqu'un. Il est toujours partant pour les activités d'écriture.

Je n'ai jamais hésité à me retrousser les manches pour me former. J'ai acheté beaucoup de livres, y compris en anglais, que je lisais le dictionnaire à la main. Le plus difficile était de trouver la bonne information et les professionnels qui acceptent de me donner des conseils. J'avais assez de répondant pour me battre, entrer par la fenêtre si on ne me laissait pas entrer par la porte, mais j'ai eu par moments le sentiment que c'était presque illégitime de faire ça. En France, le soutien aux parents est essentiellement un soutien psychologique, qui est nécessaire bien sûr. Mais jamais on ne nous conseille sur les méthodes pédagogiques à adopter comme dans les pays anglo-saxons. En tant que parents, savoir que des outils existent et ne pas y avoir accès, c'est une torture supplémentaire. J'ai par exemple trouvé un livre qui explique le système de récompense par les jetons où on donne un jeton à chaque fois qu'une tâche est accomplie. On crée ainsi une dynamique en récompensant la participation à l'activité. J'ai appliqué le principe à la lettre et ça a fonctionné. C'était très motivant, notamment pour l'apprentissage du piano. Quand Victor faisait l'exercice demandé, il obtenait un jeton qu'il fixait sur une plaque qui en contenait dix. Quand la plaque était pleine, on échangeait les dix jetons contre une pièce (sorte de pièce de 10 centimes en carton) et on continuait. À la fin de la séance de travail, Victor pouvait mettre les pièces gagnées dans sa tirelire ou échanger trois pièces contre une barre chocolatée, dix pièces contre un verre de soda et quinze pièces contre des frites, etc. Le tarif était affiché. Avec ce système, que les professionnels qui travaillaient avec Victor ne connaissaient pas, il pouvait rester concentré longtemps et il ne demandait plus à arrêter les séances comme il avait tendance à le faire auparavant.

J'ai aussi travaillé, jusqu'à ce qu'elle parte à la retraite, avec une des orthophonistes qui ont mis en place le Makaton[6] en France entre 2000 et 2012. J'assistais aux

6. Le Makaton est un programme d'aide à la communication et au langage qui répond aux besoins d'un public souffrant de troubles d'apprentissage et de la communication. Il est constitué d'un vocabulaire fonctionnel utilisé avec la parole, les signes et les pictogrammes. Il a été mis au point dans les années 1970 par trois orthophonistes dont la première syllabe des prénoms a donné le nom Makaton (Margaret Walker, Kathy Johnston et Tony Cornforth).

séances, je voyais ce qui marchait, ce qui ne marchait pas, ce que je pouvais adapter, le vocabulaire à utiliser parce que Victor le maîtrisait mieux. Et entre les séances, je faisais faire à Victor des exercices adaptatifs. L'orthophoniste a été très aidante et de son côté, elle a apprécié de travailler avec moi parce que j'avais du recul par rapport à Victor. Je n'ai jamais pris pour moi ce qu'il ne savait pas faire et je n'ai jamais eu de préjugés sur ses capacités, qui sont parfois étonnantes : il arrive qu'il soit capable de faire une chose et dans le même temps incapable d'en faire une autre *a priori* plus simple. Sur le plan cognitif, c'est passionnant de travailler avec lui. Grâce au Makaton, il a appris un peu de vocabulaire. À 6 ans, il connaissait une dizaine de mots. Aujourd'hui, il en connaît sept cents. Techniquement, il pourrait parler, mais comme il n'a jamais utilisé ses cordes vocales, dès qu'il essaie de parler, elles s'irritent et ça le fait tousser. Mais avec quelques signes, sons ou grognements, il peut dire oui ou non, dire s'il est content ou pas, qu'il ne sait pas ou demander de l'aide. Pour autant, il ne faut pas s'attendre à ce qu'il vienne discuter avec nous. Mais il aime qu'on lui parle et qu'on l'interroge avec des questions à son niveau.

Il a fallu tout lui apprendre : à se doucher, à se brosser les dents, à se laver les mains. Pour les choses simples – manger, couper – il était très motivé, mais pour se laver les mains, il a fallu mettre en place toute une procédure avec des photos, décomposer les différents gestes à exécuter de façon séquentielle. Pareil pour la douche.

Je n'ai rien inventé. Je me suis juste appuyée sur des outils utilisés par beaucoup de gens. On sait que les autistes sont très visuels et qu'ils ne peuvent faire les choses que s'ils comprennent comment ils doivent les faire. Il faut construire des repères avec des fiches qui décomposent et expliquent chaque geste, et qu'ils rayent ou mettent dans une pochette quand la tâche est terminée. C'est comme ça que Victor a appris à cuisiner. En discutant au bistrot avec une maman, j'ai découvert que l'éducatrice de son fils, qui avait travaillé en Angleterre, lui apprenait à faire la tarte aux pommes. J'ai donc demandé à cette éducatrice de venir chez nous travailler avec Victor. Grâce à des fiches visuelles où les différentes étapes de la recette sont détaillées et présentées avec des photos explicites et une phrase simple – je lave les pommes, j'essuie les pommes, je pèle les pommes, etc., – il s'est mis à faire des tartes, des gâteaux et d'autres plats plus ou moins complexes, qui lui valent l'admiration des autres lors des repas de famille. C'est une activité très complète, très structurante, qui lui a permis de développer l'estime de soi. Aujourd'hui, il peut même cuisiner seul. Je m'assois dans un coin de la cuisine et je suis juste là pour l'encourager quand il hésite.

J'ai toujours été dans cette démarche de lui apprendre à faire des choses et de maintenir les apprentissages. L'autonomie qu'il acquiert peut disparaître très vite si l'environnement n'est pas adapté ou si on n'emploie pas les bons outils. Si on ne demande pas à Victor d'oraliser par exemple, très vite, il cesse de parler. C'est pour ça que c'est toujours difficile pour moi de le confier. Comme il est très facile, je redoute qu'on le laisse dans un coin et qu'on ne s'en occupe pas alors que c'est très important de créer une dynamique. Dans le centre où il est, il n'y a pas cette exigence de progrès cognitifs. À un moment donné, ils ont quand même pris conscience qu'il ne parlait plus du tout et ils ont proposé des activités pour l'amener à oraliser à nouveau.

Son père aussi s'occupe de Victor, mais ce n'est pas la même chose. La grosse différence, c'est que moi, je pense toujours au long terme. Quand je lui propose une activité, ce n'est pas juste pour l'occuper sur le moment, mais dans l'idée de le faire avancer. J'ai toujours envie que ce soit capitalisé. J'ai essayé de donner à mon mari des outils pour faire des activités avec Victor, mais ça ne l'intéresse pas beaucoup. Ce n'est pas dans sa nature et je ne pense pas qu'il faille se forcer si on ne le sent pas. À chacun sa place et son rôle. Jamais je ne juge ce que mon mari fait ou ne fait pas. Dans la cuisine, je n'aime pas laisser traîner la vaisselle alors je la lave et ça m'est égal que ça soit chaque fois moi qui le fasse. Lui a une bonne situation, et cela lui a toujours été égal que je travaille ou non. Il préférait même que je m'occupe de Victor parce qu'il voyait bien les résultats. Ce qui est important, c'est qu'on reste soudés.

On a la chance de bien se connaître, de bien s'entendre et de faire équipe avec des rôles très différents. On voit autour de nous beaucoup de familles qui ne sont plus très entières après des histoires comme ça. C'est sûr que c'est plus facile de partir, de recommencer à zéro, ailleurs. La question ne s'est jamais posée pour nous, mais lorsque nous parlions du départ de tel ou tel parent, j'ai été très claire avec mon mari. Je lui ai toujours dit qu'il ne fallait pas qu'il s'imagine partir et me laisser seule avec les enfants. S'il partait, c'était avec eux... Mais c'est un vrai challenge pour les familles. Chacun doit trouver sa place. Nous avons eu la chance d'être bien épaulés par une psychologue que nous sommes allés voir pour aider notre couple et nos enfants.

Pendant longtemps, les relations ont été très conflictuelles entre nos deux fils, qui étaient en rivalité. J'avais le sentiment d'avoir deux enfants uniques qui ne se parlaient pas, ne se regardaient pas. Quand il était petit, Félix disait : « J'ai un papa et Victor a une maman. » C'est vrai que lorsque j'accompagnais Victor aux séances de rééducation, pour ne pas imposer à Félix des heures en salles d'attente, je le faisais garder à la maison. S'il y avait quelqu'un pour qui je pouvais sous-traiter, c'était lui. J'essayais de passer du temps avec lui, mais c'était toujours compliqué. Un jour, Félix m'a reproché de préférer son frère et je lui ai répondu : « Crois-tu que si je pouvais choisir d'avoir deux enfants identiques, je préférerais avoir deux enfants comme ton frère ? » Et là, il a compris. Félix réagissait mal aussi parce que Victor est quelqu'un qui ne ment pas et quand Félix lui demandait s'il l'aimait, Victor répondait non et ça le rendait furieux. Grâce à l'aide de la psychologue, ils ont fini par réussir à s'entendre. Je crois que d'avoir un frère autiste qui a fait beaucoup d'efforts pour progresser, a donné à Félix le goût du travail et du dépassement de soi. Il a toujours été un très bon élève et un très bon pianiste.

Nous avons donc eu beaucoup de chance de tomber sur des professionnels reconnus et compétents, qui nous ont bien soutenus. Mais nous savions aussi ce que nous voulions pour notre fils et nous n'avons pas hésité à changer de trottoir quand ça ne nous convenait pas. Nous avons fui les professionnels qui ont essayé de nous culpabiliser et ceux qui ne nous proposaient rien de concret. Mais c'est indispensable de se faire aider. Pour savoir ce qui peut être tenté, mais d'abord pour déchiffrer le fonctionnement des personnes autistes. Car un enfant autiste est un enfant qui vous repousse, qui n'a jamais envie de vous embrasser. En fait, ce n'est pas qu'il vous rejette, c'est qu'il ne distingue pas les personnes des objets et qu'il ne comprend pas les émotions des autres. Quand Félix était bébé et qu'il hurlait, Victor regardait dans sa bouche pour voir d'où sortait le son. Comme il ne parle pas, on ne sait pas ce qu'il pense. Il est toujours en retrait et dès qu'il se trouve dans une pièce en présence d'autres personnes, il va essayer de fuir, soit dans un coin, soit ailleurs. Jamais il ne va vers les autres. Même vers moi, il ne vient jamais. Au début, je me disais qu'il fallait que je respecte sa distance. Alors c'est important que des gens vous disent que vous avez le droit de vouloir l'embrasser et de le faire, et que ce n'est pas grave s'il n'est pas content. Quand il était petit, il s'entortillait des objets autours des doigts, il faisait des choses sans queue ni tête mais il ne jouait pas. Il a fallu lui apprendre à jouer, à avoir des activités structurées. Quand on les lui propose, il est content et il fait, mais si on ne lui propose rien, il ne fait rien. Et puis, il y a eu des périodes où il se tapait la tête par terre, où il criait, où son comportement était incompréhensible. On ne savait pas à quoi il réagissait, pourquoi il était en colère. J'avais très peur qu'il grandisse et devienne un grand gaillard incontrôlable. Mais dès qu'on a pu mettre en place un langage avec le Makaton et qu'il a pu exprimer qu'il était en colère, qu'il avait peur, dire pourquoi il pleurait, il s'est apaisé et depuis, il est beaucoup plus tranquille. C'est un peu comme si j'avais réussi à l'apprivoiser.

Aujourd'hui, je me tourne vers d'autres choses. Il y a encore tout le matériel dans la chambre de Victor dont je ne sais pas quoi faire. J'ai commencé à ranger et à jeter. Mais je voudrais le faire avec lui. J'ai le projet de faire un livre avec ses fiches de cuisine. Et puis ce témoignage, qui est peut-être une manière pour moi de clore un chapitre de notre vie. Je suis aussi très investie dans l'association Vivre ensemble que nous avons montée avec mon mari dans notre petit village du Sud-Ouest où nous avons une maison de famille. Depuis trois ans, nous organisons une rencontre théâtrale pour les résidents des établissements qui accueillent des personnes autistes. Ils travaillent en atelier avec des comédiens professionnels, qui leur font faire un travail remarquable. Certains se révèlent de véritables acteurs, et le public, les éducateurs et les parents sont très enthousiastes. Et puis, j'ai encore du travail avec Victor. Je souhaite qu'il continue à progresser, au piano notamment. Je voudrais mettre en place un système pour lui permettre de travailler seul et d'apprendre de nouveaux morceaux. Pour l'instant, il ne peut progresser qu'avec quelqu'un qui le coache, qui comprend ses erreurs et l'empêche de les faire. Avant qu'il ne quitte la maison, j'avais aussi commencé un travail d'oralisation, de discrimination auditive, de répétition des sons, avec toutes sortes de jeux et de chants pour faire travailler ses cordes vocales, que je vais reprendre quand il reviendra le week-end.

Je me suis souvent posé la question de savoir si ça valait la peine de faire tout ça. Si ça ne serait pas pareil de le laisser tranquille, dans son coin. Certains estiment qu'on doit accepter les personnes déficientes comme elles sont, sans chercher à leur apporter quoi que ce soit. En France, l'approche psychanalytique est encore très présente où il est dit que si l'enfant autiste ne fait pas, c'est parce qu'il n'a pas envie et qu'il faut le placer dans l'attente de l'émergence du désir de faire. Moi, je pense plutôt que s'il ne fait pas, c'est qu'il ne sait pas faire et qu'il faut donc lui apprendre. Je suis sidérée par l'état de certains enfants qui n'ont pas été pris en charge. C'est dommage pour eux, car on les prive de la possibilité de s'épanouir en surmontant le handicap, mais aussi pour la collectivité car cela coûte très cher d'aider quelqu'un qui jamais de sa vie ne sera capable de se doucher seul par exemple. Je pense donc que ça vaut la peine. Les professionnels ont toujours été admiratifs de Victor, qui est arrivé beaucoup plus loin que d'autres enfants qui n'ont pas été poussés comme lui l'a été. Aujourd'hui, il est bien dans sa peau et il sait faire des choses qui le valorisent aux yeux des autres. Alors, c'est une expérience qu'on ne choisit pas, mais quand elle se présente, je pense qu'il ne faut pas hésiter à s'investir à fond. Toutes les mamans autour de moi qui ont fait ce choix ont la satisfaction de voir leur enfant heureux et apprécié. Alors oui, on peut accepter ces personnes comme elles sont, mais on peut aussi leur offrir de progresser. Si mon fils n'avait pas envie d'avancer, de faire de la cuisine, du piano, il n'en ferait pas. Mais je vois qu'il en a très envie. Et puis, comment donner envie si on ne fait que pointer les déficiences ? En revanche, si on se dit : tiens, dès que je fais la cuisine, il est là et il me regarde attentivement, est-ce que je pourrais lui faire confiance et lui donner un couteau pour qu'il pèle une pomme ou qu'il épluche une pomme de terre ? La difficulté, c'est peut-être d'abord de mettre l'enfant dans une situation où il a envie d'apprendre.

Chapitre 5. Michel

« Je suis le mari des temps difficiles »

Michel et sa femme vivent dans l'Est de la France. Le 17 décembre 2015, en début d'après-midi, à l'heure où son épouse se repose, Michel est venu m'attendre à l'arrêt du tramway et m'a menée dans les locaux de l'association pour non-voyants dont il est le vice-président. Il ne voulait surtout pas troubler la quiétude de sa femme.

Le jour où ma femme m'a appelé pour me dire qu'on lui avait diagnostiqué la maladie de Parkinson, j'avais 59 ans, j'étais encore en activité. Je posais des enseignes lumineuses et j'étais en déplacement à 500 kilomètres de chez nous. J'ai eu l'impression que le ciel me tombait sur la tête. Je suis resté tétanisé pendant une heure. Mon collègue qui était avec moi me regardait et ne savait pas quoi faire.

Ma femme n'avait que 54 ans à l'époque. Après coup, on a compris que les signes de la maladie étaient là depuis déjà dix ou quinze ans : une certaine lenteur dans la marche notamment. Mais sur le moment, nous pensions que c'était juste de la fatigue. Une amie avait perçu ces signes inquiétants et avait conseillé à ma femme d'aller consulter le médecin traitant. Il l'a tout de suite envoyée chez une neurologue, qui lui a fait passer quelques examens et lui a annoncé brutalement, sans précautions : « Madame, vous avez la maladie de Parkinson. » Elle n'avait pas de psychologie pour avoir aussi peu conscience des dégâts que cela peut causer chez une personne qui est déjà malade. Je ne m'y attendais pas du tout. Tout à coup, ce mot de Parkinson a pris une autre dimension. Jusque-là, c'était presque une plaisanterie. On voyait quelqu'un trembler un peu et on disait : « Ah ! c'est Parkinson ! » On ne se rend pas compte tant que ça ne nous atteint pas. Mais quand le syndrome touche votre femme, ce mot prend soudain toute sa signification destructrice.

Jusqu'à présent, on n'a encore trouvé aucun remède à cette maladie qui attaque le cerveau, détruit les neurones, attaque les nerfs, les muscles. On devient raide. On ne peut plus bouger. Pendant les moments de crise, tout se bloque : les muscles, mais aussi la parole. Il faut alors attendre que les médicaments fassent effet et libèrent le corps. Mais 80 % des conséquences de la maladie sont le fait des effets indésirables des médicaments : angoisses, envies de suicide, perte d'autonomie dans les gestes.

La question du travail ne s'est pas posée pour ma femme à ce moment-là car elle avait arrêté de travailler à la naissance de notre deuxième fille. C'était notre choix. On voulait donner ce capital de sécurité à nos enfants en les laissant grandir le plus possible auprès de leur maman. Mais d'autres questions se sont posées : l'angoisse de la mort, celle de ne plus pouvoir bouger, de devoir se déplacer en fauteuil roulant, de se retrouver seule. Quand vous êtes bien portant, vous ne vous demandez pas si vous aurez vos pieds pour marcher demain. Mais à partir du moment où la maladie vous frappe, toutes ces questions se mettent automatiquement dans votre tête. Je me souviens que je me disais sans cesse qu'elle allait mourir. J'étais encore en activité à ce moment-là. Et quand je partais travailler, je n'arrivais plus à me concentrer. J'étais très inquiet de la savoir seule à la maison, j'avais peur qu'il ne lui arrive quelque chose. C'était dangereux pour moi aussi et pour mes collègues car, dans mon travail, la synchronisation des gestes est indispensable. C'est un travail de confiance qui demande beaucoup de concentration et de coordination. Sinon, on met l'autre et on se met soi-même en danger.

Pendant cette période, qui a duré deux ans environ, j'attendais vraiment d'être à la retraite pour être près d'elle, m'occuper des courses et de tout ce qu'il y a à faire dans une maison et qu'elle ne pouvait plus faire. On m'avait dit que la seule chose qui puisse faire reculer ou ralentir l'évolution de la maladie de Parkinson ou d'Alzheimer, c'était de lui éviter le moindre souci, car la moindre mouche qui vole aggrave la maladie. Depuis six ans que je suis à la retraite, c'est donc moi qui m'occupe de tout. Nos enfants ont quitté la maison depuis longtemps et vivent loin de chez nous.

Mon but est d'offrir à ma femme un cadre de vie le plus serein possible, lui permettre de continuer à vivre chez elle, dans un endroit calme, où elle a ses habitudes. La question du déménagement s'est posée. On nous a proposé un appartement dans une HLM, beaucoup plus petit que l'endroit où nous habitons. J'ai refusé. Les cloisons étaient très fines et on ne pouvait évidemment pas savoir qui seraient nos voisins et à quels bruits nous serions exposés. Or le bruit, pour la maladie de Parkinson, c'est mortel. Notre avantage aujourd'hui, même si on a des escaliers en colimaçon (que pour l'instant ma femme arrive à descendre), c'est qu'elle est chez elle et qu'elle a de l'espace. Si on se retrouve serrés l'un contre l'autre, ça risque d'engendrer des crises.

Mes journées sont bien remplies et je bouge beaucoup ; j'ai parfois l'impression d'être un coureur de marathon. Je me lève très tôt, vers 6 heures. Je commence par un moment très intime de lecture de la Bible. Après, je prépare le petit-déjeuner de mon épouse et j'attends qu'elle ait fini pour prendre le mien. Ensuite, je m'occupe de la vaisselle, du repassage, du ménage, des courses et de la préparation du déjeuner. Après le déjeuner, ma femme se repose. Pendant ce temps, je passe du temps à l'association pour non-voyants dont je suis le vice-président. Cette association, implantée dans l'Est de la France, a pour objectif d'être à l'écoute des non-voyants, de les aider à trouver leur place dans la société, de faire tomber les barrières d'accès à l'information culturelle, notamment en proposant des diffusions audio et des transcriptions en braille. Elle est ouverte vers le monde des voyants qui nous invitent souvent à des manifestations culturelles. Du fait de cette cohabitation, notre association est bien intégrée dans notre quartier.

Quand je rentre à la maison, nous essayons d'aller marcher un peu. Le soir, je prépare le repas et une fois que ma femme est au lit, j'ai un petit moment pour moi. Autrement, elle a toujours besoin de quelque chose. On a essayé de demander une aide ménagère, mais la MDPH [1] ne nous a accordé une femme de ménage que pour une heure et demie par semaine, soit juste le temps d'un peu d'aspirateur et d'époussetage. J'ai trouvé que ça ne valait vraiment pas la peine et j'ai préféré le faire moi-même. Pour ma femme, ce n'est pas toujours facile à accepter car elle est très ordonnée, ce qui n'est pas mon cas, et ça la chagrine que sa maison ne soit plus tenue comme elle l'était quand elle pouvait s'en occuper.

Pour ses soins aussi, je fais tout tout seul. Aujourd'hui, on est en progression. On a eu la chance de trouver un neurologue à Paris qui a la passion de son métier, un monsieur très humain, plein de compassion, qui nous garde le temps qu'il faut, parfois deux ou trois heures. Pour elle, c'est très important. La plupart des médecins sont beaucoup trop pressés et quand ils ne savent pas, ils

1. Voir note 6 p. 26.

vous envoient faire des analyses et des examens pour ne pas avoir à s'occuper de votre problème. Les deux premiers neurologues que nous sommes allés voir ne cherchaient pas vraiment à la guérir. La première, notamment, a insisté pour faire une électrostimulation, longue et très délicate opération neurochirurgicale, qui consiste à introduire dans le cerveau des électrodes reliées à un pacemaker, mais cette méthode n'est pas fiable et ma femme a refusé. Elle ne voulait pas qu'on touche à son cerveau. À chaque fois qu'on allait la voir, la seule réponse de cette neurologue était : « Je vous augmente la dose. » Elle avait même prescrit deux médicaments forts que ma femme a pris ensemble pendant des années alors que c'est contrindiqué.

Un jour, elle en a eu assez de sa maladie et sur internet, elle a trouvé des informations sur un protocole de soins complètement différent mis au point par un neurologue de Paris : la nicotinothérapie[2]. Grâce à ce traitement, elle a retrouvé son autonomie. Avant ça, quand elle était bloquée, elle ne pouvait plus rien faire. Il fallait la coucher, la retourner car elle ne pouvait pas bouger dans son lit, se lever toutes les deux trois heures,

2. Protocole initié par les docteurs Pierre Césaro et Gabriel Villafane à l'hôpital Henri-Mondor de Créteil qui consiste en un patch qui diffuse de la nicotine à l'état pur par voie transdermique (NEPT). La nicotine favorise la sécrétion de dopamine, qui se libère dans la partie du cerveau impliquée dans la motricité, ce qui explique son efficacité sur les patients atteints de troubles moteurs, comme ceux provoqués par la maladie de Parkinson.

et à la moindre douleur, essayer de l'aider à trouver une position confortable. Dans ces moments-là, il m'est arrivé de devoir lui donner ses repas au lit, d'avoir à lui brosser les dents... Aujourd'hui, elle a récupéré une partie de ses gestes ; elle peut se retourner seule dans son lit ; marcher ; écrire deux pages à la main. On arrive à faire des promenades beaucoup plus longues. Elle dit elle-même qu'elle se sent beaucoup plus combative et qu'elle a retrouvé son envie de vivre. Le médecin pense qu'elle pourra regagner jusqu'à 50 % des facultés qu'elle a perdues, ce qui est énorme.

Dans mon entourage et dans les témoignages autour de la maladie de Parkinson, je vois pas mal de maris qui abandonnent. Aujourd'hui, je les comprends mieux. Parce qu'à un certain stade, si on n'arrive pas à accepter d'accompagner son épouse, de gérer les crises, la situation devient trop dure. On le prend pour soi et au lieu d'être fort, on coule. Cela n'a pas été immédiat pour moi non plus. J'ai mis du temps à faire face. J'ai traversé une phase de détresse et de crise, qui était sans doute nécessaire pour pouvoir prendre conscience des choses, les accepter et faire un travail sur moi en profondeur. Au début, je restais confiné, renfermé sur moi-même avec mes soucis. J'étais dans le déni, comme le dit ma femme aujourd'hui : « Il me laissait me débrouiller toute seule alors que j'avais besoin d'aide. » Quand on n'est pas malade, on a du mal à comprendre le vécu et les besoins de celui qui l'est.

La rencontre avec l'association d'aide aux non-voyants m'a beaucoup apporté dans ce parcours. Pendant les premiers temps avec eux, j'étais sous surveillance. Comme par définition les non-voyants ne voient pas, ils ont une intuition très fine qui leur permet de savoir à qui ils peuvent faire confiance. Pour pouvoir être admis dans leur monde, j'ai dû apprendre à connaître le leur. Grâce à cette cohabitation, j'ai appris à regarder le monde différemment, à comprendre quels étaient leurs besoins, et j'ai aussi beaucoup découvert sur moi-même. Cette expérience m'a aidé à comprendre comment je pouvais être présent pour ma femme.

À partir du moment où j'ai accepté la maladie et ses conséquences, j'ai accepté aussi de donner le bras et d'accompagner. Ça fait partie de la vie de couple. Quand il y en a un qui ne va pas bien, il faut que l'autre soit assez fort pour le soutenir. Et le faire de bon cœur. Aujourd'hui, j'ai plus l'impression d'être l'aidant ou l'assistant permanent que le mari, ou alors le mari des temps difficiles. Mais la maladie nous a rapprochés. On avait des projets de voyage. On a fait une croix dessus. Je me suis dit que pendant très longtemps, je travaillais plus de huit heures par jour et je ne vivais pas vraiment avec ma femme. Maintenant, on peut enfin vivre cette vie commune. Les rapports se sont déplacés. Quand je travaillais, j'avais mon domaine et ma femme avait le sien, à la maison. On a vécu comme ça pendant des années, chacun dans son espace. Quand je travaillais, je ne me demandais pas comment j'allais faire la cuisine, je ne me préoccupais pas du quotidien. Quand j'arrivais le soir, tout avait été fait. Je rentrais, je disais bonsoir, j'échangeais quelques mots avec ma femme, et on passait à table. Mais aucun de nous deux ne vivait le vrai quotidien de l'autre. Moi, je ne voulais pas ramener les soucis du travail à la maison, alors une fois la journée terminée, je me promenais un peu pour décompresser. Maintenant que je suis à la retraite, j'empiète automatiquement sur un territoire qui n'est pas le mien. Et c'est valable pour tout retraité. La femme a ses habitudes, ses petites manies, et du jour au lendemain, il y a un intrus qui s'immisce dans son territoire. Les deux doivent s'adapter. Il y a des femmes qui envoient leur mari à la pêche... le temps de s'habituer à sa présence.

Pour que ma femme puisse vivre en toute sérénité, j'ai donc été obligé de me remettre en question. Au fur et à mesure, j'en arrive à un stade où je ne vis plus pour moi, mais pour elle. La maladie de Parkinson de ma femme, c'est pour moi une école de la patience où j'apprends à m'oublier. Dans la plupart des couples, chacun tient à vivre sur son territoire et à le protéger de l'autre. Mais là, on vit entièrement pour l'autre. On n'existe plus pour soi. On se donne totalement. Aujourd'hui, je n'ai plus de territoire, et c'est bien. Je me sens complètement serein, sans crainte, et ce que je donne à ma femme, c'est ma sérénité. Avant, j'étais beaucoup plus susceptible, beaucoup plus apte à répondre à la colère par la colère. J'ai appris à ne plus répondre. Contre la colère, j'ai adopté une arme efficace : le silence. Du fait de sa maladie, mon épouse traverse des moments de crise. Quand ça ne va pas dans son sens tout de suite, c'est la crise et ça se traduit par des pleurs. À partir du moment où en face, il y a un silence, il n'y a plus de spectateur et ça s'éteint. Alors que quand on répond, on allume un feu. On dit une chose qui ne plaît pas, l'autre répond en haussant le ton. Automatiquement, on hausse aussi le ton et ça va *crescendo*. Le silence, c'est comme un jet d'eau. S'il n'y a pas de réaction, on ne peut pas continuer. Je crois que cette attitude aide. Quand il y a une crise, je me retire et ma femme se calme.

Je suis devenu quelqu'un d'autre aussi pour les personnes qui profitent de la tranquillité que j'ai acquise par cette expérience. Il y en a beaucoup qui m'appellent, qui viennent vers moi sans que je sois allé vers elles. Elles le font parce que je réponds à leur besoin de calme et de sérénité. Je connais beaucoup d'aidants qui auraient besoin de se confier, mais qui se retrouvent seuls et se replient sur eux-mêmes. En apparence, on affiche un sourire, mais en réalité, à l'intérieur, c'est dramatique. Avec eux, j'aborde toujours la même attitude : l'écoute et un silence, qui ne veut pas dire que je suis muet, mais qui veut dire « j'ai bien compris ». C'est quelque chose que j'avais peut-être avant, mais qui était en sommeil ou verrouillé et que les circonstances ont développé.

Ça a changé aussi quelque chose dans le rapport avec mes enfants qui me voient beaucoup plus silencieux, beaucoup plus calme. Ils ne comprennent pas pourquoi il n'y a plus de cris, plus de disputes. Mais ça aussi, ce n'est pas un effet de baguette magique mais le résultat d'un long travail. Je n'en parle pas directement avec eux. Je ne sais pas comment ils le perçoivent mais je sens que du fait de cette ambiance, ils se sont rapprochés de nous, de leur maman. Ils ont compris que c'était important pour elle de sentir l'amour de ses enfants. Même s'ils sont loin, on sait qu'ils sont là et qu'ils n'abandonnent pas leur mère.

Mon épouse n'a pas fait ce même parcours d'acceptation de sa maladie car, dit-elle : « Comment accepter l'inacceptable ? » Mais je n'attends pas ça d'elle. On ne peut pas demander à quelqu'un de fragile d'accepter sa maladie. D'autant qu'un des symptômes de Parkinson, c'est la dépression. Elle a le sentiment de ne plus être la personne qu'elle était, et d'être consciente de sa dégradation. Elle souffre aussi beaucoup de solitude. Les amis ont fui, qui préfèrent sans doute ne pas penser que ça pourrait leur arriver un jour. Elle a entendu des horreurs de personnes qui lui ont dit qu'elle avait dû en faire pour que Dieu lui envoie une telle maladie. D'autres qu'elle n'avait qu'à se remuer les fesses. Sa mère non plus ne vient plus la voir car elle considère qu'elle a eu assez de malheurs dans sa vie. C'est donc la double peine.

Quand la personne est seule, elle est bien obligée de faire avec, mais quand il y a un couple et que l'un ne va pas bien, l'autre est là pour lui donner la force de se relever. Moi, ce qui m'aide à être fort pour deux, c'est une force spirituelle, une confiance qui me permet de rester serein et calme, pour ne pas transmettre les effets négatifs de mes peurs. Une personne malade ou faible qui sent cette sérénité en face d'elle va éprouver ce bien-être et cette sécurité. Aujourd'hui, cette force est beaucoup plus développée en moi qu'avant car j'en ai davantage besoin. Le matin, la première chose que je fais en me levant, c'est d'avoir un moment de relation très intime avec mon papa du ciel où je laisse cette force se raviver pour la journée. Mais cette force n'est pas nécessairement religieuse. Pour l'avoir, il suffit d'être généreux de cœur, d'avoir le courage de partager sa chaleur, sa générosité. D'ailleurs, ce sont des qualités qu'on ne peut pas garder pour soi quand on les a parce qu'elles sont faites pour être distribuées. Sinon, elles pourrissent en soi. Si on éprouve un sentiment fort envers quelqu'un, même si on ne dit rien, les yeux, les gestes vont le traduire. Quelque chose émane de soi malgré soi, quelque chose qui nous dépasse, que l'on ne peut pas contrôler.

L'étiquette d'aidant est ce qu'elle est. Je ne me focalise pas dessus. Chaque aidant est différent suivant la maladie de la personne qu'il aide ; suivant ses capacités et sa volonté d'aider, mais suivant aussi le temps qu'il passe avec elle. C'est très différent de partager le quotidien de la personne malade ou de passer la voir de temps en temps. En tout cas, si l'aidant l'est par contrainte, il n'ira pas loin. À un moment donné, il va sombrer et transmettre tout son côté négatif à l'autre personne. Pour ma part, je me suis toujours refusé de faire les choses par obligation ou pour faire plaisir. Quand je fais quelque chose, je le fais avec cœur, par amour, avec tout mon être. Sinon, les difficultés deviennent des taupinières.

Aujourd'hui, quand je vois ma femme retrouver son autonomie, je suis très heureux. C'est un petit miracle. Imaginez : vous êtes dans votre lit et vous n'arrivez plus à vous retourner, à faire le moindre mouvement, et grâce au traitement, vous retrouvez votre indépendance. C'est énorme. Alors, l'avenir, on verra bien. L'important, c'est de vivre le présent et de profiter de chaque instant. Demain ne nous appartient pas. J'ai aussi mes soucis, bien sûr, mais ils sont secondaires. Ce qui ne veut pas dire que je ne m'en occupe pas car il faut que je reste debout, que je sois fort. Et pour rester fort, il faut que je me soigne. Mes difficultés, j'en parle parfois à des personnes qui vivent à peu près la même situation. Mais je ne raconte jamais mon quotidien à quelqu'un qui n'a pas vécu ce genre de choses car il ne peut pas comprendre. Et aussi par respect pour ma femme. Il y a une pudeur à ne pas raconter la souffrance intime de son proche, surtout à des gens que ça n'intéresse pas forcément, et qui souvent interprètent mal ou déforment vos propos.

Mais j'espère que ce livre sera un peu comme un conte, que l'on lit en s'identifiant à tel ou tel personnage. Celui qui lira ces pages sera invité à se reconnaître dans l'un ou l'autre des témoins pour lire à l'intérieur de lui, se découvrir et mieux avancer.

CHAPITRE 6. MARIE-THÉRÈSE

« On n'est jamais aussi bien aidant que quand on ne cherche pas à l'être »

J'ai rencontré Marie-Thérèse chez elle à Montpellier la veille de Noël. Depuis son balcon, elle m'a guidée jusqu'à l'entrée de son immeuble, dans une résidence qui en compte plusieurs. Et puis, elle m'a servi du chocolat et des fruits secs et m'a raconté son parcours de femme, pour qui aider a toujours été quelque chose de naturel.

Être en position d'aide, dans ma vie, ça a toujours été spontané. Quand je reviens sur mon parcours de vie, je me rends compte à quel point c'est quelque chose qui fait partie de moi depuis toujours, une nature profonde dont j'ai été amenée peu à peu à découvrir les différentes facettes.

C'est d'abord une histoire d'imprégnation familiale. Je suis née dans le Sud de la France, pendant la guerre, un de ces moments de catastrophe où la solidarité joue à plein. La guerre n'a pas été pour moi un vécu direct mais mon père avait été résistant et les adultes qui m'entouraient en parlaient souvent. Et puis, j'ai grandi dans un village de six cents habitants, une grande famille où tout le monde se connaissait et se rendait service. Il y avait aussi l'existence de groupements coopératifs, la possibilité de partager l'outillage. J'ai baigné dans tout ça et je me suis rendu compte par la suite que dans ma manière d'envisager les choses, cela allait de soi.

J'ai également passé beaucoup de temps dans des collectifs. Avec la difficulté qu'il peut y avoir d'y trouver sa place. À la maison, nous vivions à trois générations avec mes grands-parents. Pour des raisons de santé, mes parents nous envoyaient chaque été en pension d'enfants, mon frère aîné, ma sœur cadette et moi. La première fois, j'avais 6 ans, ma sœur 4 ans et demi. Nous nous y sommes beaucoup languies et nous nous sommes soudées autour de notre frère aîné, 9 ans, qui pleurait avec nous mais essayait de nous consoler. Dès qu'on est dans une situation traumatisante, automatiquement on cherche à se rassurer en partageant la peine qui nous relie.

À 10 ans, après un parcours de bonne élève à l'école communale, je suis entrée comme interne chez les dominicaines dans la ville voisine. Une autre expérience collective où la fraternité était une notion importante. J'ai eu la chance d'être suivie par une jeune directrice d'études, agrégée de philosophie, que j'ai adorée. Jamais elle ne nous a enfermées dans le côté religieux limitant mais nous a au contraire proposé une ouverture à la psychologie et à d'autres domaines. De 10 à 16 ans, j'ai donc vécu dans ce contexte, sur fond de morale chrétienne, ce qui pour moi n'a rien de péjoratif car qu'on le veuille ou non, notre morale laïque est imprégnée des valeurs chrétiennes.

Je suis ensuite venue m'installer à Montpellier pour mes études supérieures. À l'heure où d'autres se réjouissaient de découvrir la liberté étudiante, j'ai ressenti une nouvelle coupure, la solitude, le mal-être, cette tristesse constitutive du climat familial où j'avais grandi. Mon père pouvait être sévère et l'ambiance familiale était marquée par un antagonisme droite-gauche entre lui et mes grands-parents maternels qui étaient des ruraux, issus d'un milieu traditionnellement catholique. Mon père, lui, était né en 1906. Il était fils d'instituteurs, profondément laïcs. Il était venu vivre dans la famille de ma mère, avec son diplôme d'ingénieur, son uniforme d'officier, tous ces signes socioculturels valorisants qui le plaçaient d'emblée en position d'autorité. La dichotomie ne s'est jamais effacée et le climat familial n'a jamais cessé d'être marqué par ces tensions. Et puis, mes parents avaient certes toujours été présents, mais souvent pour nous envoyer ailleurs : à l'école, à la pension d'enfants, à l'internat. Si bien qu'à 20 ans, seule dans une petite chambre, c'était d'abord le manque et le languir de la petite fille que je retrouvais. Mais cette fois, sans frère et sœur pour partager ma peine. J'ai toujours eu la sensation de devoir affronter cette solitude d'enfant, d'avoir à me dépasser pour pouvoir faire face à la vie.

Après un bac et une propédeutique [1] scientifiques, j'ai choisi, plus par défaut que par réel attrait, la voie d'une licence de chimie, que j'ai obtenue laborieusement. J'avais toujours le sentiment d'un profond décalage avec ce que proposait le système. Mais je ne savais que faire d'autre. Pour savoir ce que c'est, je comprends tellement les jeunes qui sont démotivés ! On suit les rails mais on n'est pas bien. Et quand on n'est pas bien en soi, on se sent mieux en présence d'autres, chez qui l'on ressent les mêmes difficultés et questionnements et avec qui on peut s'entraider.

Sans grand enthousiasme, j'ai intégré un laboratoire de recherche en chimie pour faire un troisième cycle. Je ne me sentais pas bien dans ce milieu et mon sujet de recherche ne me nourrissait ni intellectuellement ni humainement. Grâce à Jacques, un camarade en qui je me retrouvais, j'ai pu mener jusqu'au bout mon travail de thèse. À ce moment-là, j'avais déjà 26 ou 27 ans. J'avais l'impression d'être à la traîne. Ma sœur était mariée et avait des enfants. Je venais d'un milieu où les femmes n'avaient pas d'activité professionnelle. Je ne me sentais donc pas poussée dans cette direction et je n'envisageais pas de rester célibataire. J'ai alors eu l'occasion de rencontrer la famille de Jacques, qui m'a bien accueillie, et nous avons décidé de nous marier. Mes beaux-parents étaient des gens très agréables et les

1. Entre 1948 et 1966, c'était la première année d'études supérieures.

rapports familiaux étaient simples et chaleureux. Ils m'ont donné l'attention dont j'avais manqué. À ce moment-là, l'aide, c'est moi qui l'ai reçue.

J'ai arrêté de travailler quand je me suis mariée et dans cette position de femme au foyer, j'apportais ce que je pouvais apporter, spontanément, en fonction des circonstances. Ma sœur était encore à Montpellier à cette époque et comme elle travaillait, il allait de soi que j'accueille ses enfants le mardi soir et le mercredi. Cela me faisait plaisir et il ne me venait pas à l'idée de la faire payer. Aujourd'hui, cela n'est plus dans l'air du temps. On considère presque obligatoire que les femmes mènent de front activité professionnelle et vie familiale. Moyennant quoi, tout service devient payant. Ce que j'ai fait pour mes neveux, je l'ai fait de bon cœur, sans m'obliger. J'ai récemment vu ma nièce qui a eu plaisir à se rappeler quelques moments de cette période et j'en ai été touchée. Par la simple évocation de ces souvenirs encore vifs en elle, elle a su, sans chercher à le faire, m'en offrir la gratitude.

Chemin faisant, une fille est arrivée dans notre foyer. Elle a été un vrai cadeau pour moi, comme pour mes beaux-parents, qui en ont été très heureux. Du versant enfant, je suis passée au versant parent et j'ai vécu pleinement cette fonction maternelle faite de responsabilité et de bienveillance. Par la suite, lorsque j'ai été amenée à prendre soin de ma belle-mère, Mamie H, puis de ma mère, je me suis rendu compte que cette expérience avait été fondatrice.

Quelques années plus tard est arrivée la crise conjugale des 40 ans. Ce fut une traversée difficile de deux à trois ans, mais que j'ai pu comprendre sans chercher à m'y opposer. À ce moment-là, j'ai eu la chance de faire un stage de yoga-diététique et d'avoir mes premiers contacts avec un regard ouvert sur la vie qui résonnait profondément en moi. Cela m'a donné l'énergie de prendre la décision d'arrêter la construction de la maison en cours, de la vendre et d'envisager le divorce. Dans la foulée, j'ai trouvé un appartement dans la résidence où nous avions été auparavant locataires et où ma fille a pu retrouver ses amis et son école. Tout s'est bien organisé, sans conflit, et j'ai compris que lorsque l'on prend les bonnes décisions, le vent de la vie souffle dans les voiles. Le climat familial en a été bien apaisé et depuis ce moment, je garde une relation très amicale avec Jacques.

J'ai alors vécu une vraie libération. Grâce à ma part du patrimoine familial toujours géré par mon père et par mon frère, j'avais une certaine autonomie financière. Ma fille grandissait bien et j'étais prête à m'investir dans une activité professionnelle. Après quelques tentatives infructueuses, je me suis tournée vers les courants de développement personnel, en pleine expansion, avec lesquels je me sentais en total accord. J'ai suivi tout un parcours en naturopathie, en astrologie, en psychothérapie avec une formation à la relation d'aide. J'ai touché du doigt une façon de regarder la vie qui me mettait au contact de la vie elle-même. À travers l'écoute et la prise en compte de mon ressenti, j'ai compris ce que c'était que de devenir vivant. Toutes ces formations ont fait émerger la part de thérapeute en moi, que je ressentais jusque-là dans ma manière spontanée de vivre l'entraide et d'exercer ma fonction maternelle. Deux aspects qui pour moi ne sont qu'un. Mais malgré un désir constant d'en faire mon métier, cela n'a pas pris forme.

Dans ce contexte, mon beau-père est décédé. Pendant un temps, ma belle-mère s'est débrouillée seule, jusqu'à ce qu'elle tombe, se casse une jambe, tombe une deuxième fois, puis subisse une opération du côlon. À chaque fois, elle avait du mal à s'adapter aux soins hospitaliers et ne supportait pas de rester longtemps dans ces structures collectives. Il a fallu envisager un bon encadrement. Jacques avait alors une lourde charge professionnelle et ne pouvait s'en occuper complètement. Il savait l'affection que j'avais pour sa mère, dont j'étais restée proche malgré le divorce. Très naturellement, il m'a proposé de m'occuper d'elle et de me salarier pour le faire.

Tous les après-midi, j'allais donc chez ma belle-mère. Je faisais quelques petits travaux puis l'accompagnais, soit en promenade soit à ses rendez-vous. On passait de bons moments et je ne la quittais jamais sans une petite pointe de tristesse. Jacques et sa compagne s'occupaient d'elle aussi. Ainsi, nous nous sommes organisés pour l'entourer au mieux pendant un an environ, jusqu'à ce qu'elle donne des signes de déficience. Cela devenait trop dangereux de la laisser chez elle et Jacques a alors pris la décision de la placer dans une maison de retraite, où elle est restée quelques mois, sans vraiment s'y habituer, avant de décéder.

Cette expérience m'a permis de franchir un pas et m'a servi par la suite quand j'ai dû intervenir dans ma propre famille. Entre-temps, à l'âge de 90 ans, mon père nous a quittés. Ma mère, qui en avait alors 89 et dont la mobilité était très réduite, a été prise en charge à leur domicile par mon frère et ma belle-sœur, selon l'accord tacite conclu avec mon père. À ce moment-là, je vivais encore à Montpellier auprès de ma belle-mère et de ma fille, qui amorçait sa vie d'étudiante. Je venais voir ma mère une fois par mois environ, jusqu'à ce que Mamie H parte en maison de retraite et ma fille pour Paris. Je suis alors revenue vers ma mère, pour apporter ma contribution.

La situation était tout à fait différente de celle dont je sortais. Les rapports familiaux étaient plus complexes, avec des tensions sous-jacentes entre frère et sœurs. Il s'agissait d'une part de répondre à l'appel de ma belle-sœur qui avait besoin d'être assistée auprès de ma mère. Je ne m'y refusais pas, mais les conditions dans lesquelles j'étais amenée à coopérer se sont vite avérées intenables. Nous avions toujours été en bonne relation, mais sans qu'elle en ait conscience, je me trouvais placée dans une position de pion à son service. D'autre part, je devais affronter le regard critique de ma sœur qui, elle, travaillait et voulait imposer ses vues, cherchant plus ou moins consciemment à régler ses comptes. Je ne pouvais pas leur en vouloir ; c'était à moi de m'en sortir mais les premiers mois ont été difficiles. Je me retrouvais face au défi que j'avais toujours eu à relever dans ce sein familial, celui de trouver mon espace propre pour y tenir mon rôle librement. Heureusement, j'avais le désir sincère de faire au mieux pour ma mère, à laquelle je portais toujours mon amour d'enfant.

Je n'avais pas de griefs vis-à-vis d'elle. Et j'avais peine à lire la tristesse dans ses yeux. C'est cet amour qui m'a donné la force de tenir jusqu'à ce que je trouve une solution qui soit acceptée par tous et suffisamment vivable pour moi. Elle m'est apparue après plusieurs joutes familiales et pas mal de nuits d'insomnie. Cet espace dont j'avais besoin pour avoir ma pleine autonomie, je l'ai trouvé dans la maison familiale, fermée à la mort de mon père et qui faisait partie de ma part de l'héritage. Quand j'ai proposé à ma mère de la rouvrir et de nous y installer, elle a poussé un cri du cœur : « Oh ! oui ! » L'organisation a alors été simple. Nous étions trois. Chaque mois, ma belle-sœur la gardait chez elle dix jours et je la prenais à mon tour pendant vingt jours dans notre maison : en plus de ma part, j'assurais dix jours à la place de ma sœur. Pour cela, j'étais rémunérée suivant le même système de chèques emploi-service que Jacques avait mis en place pour moi.

Ma mère était heureuse quand elle me voyait arriver. Nous étions dans notre espace et je prenais soin d'elle avec l'attention maternelle que j'avais eue pour ma fille et pour ma belle-mère. J'étais aidée par une infirmière et une aide-soignante, avec qui la coopération a été harmonieuse. Cela a duré deux ans pleins jusqu'au moment où la tâche est devenue trop lourde pour chacun de nous. J'ai alors été chargée de la préparer à entrer en maison de retraite. Elle y est allée, docilement, mais n'a jamais réussi à s'y adapter, malgré les visites quotidiennes. Elle y est morte deux mois plus tard, à 93 ans.

J'approchais la soixantaine. Non seulement j'avais le sentiment d'un devoir accompli, mais je ressentais aussi la profonde satisfaction d'avoir réussi à défendre mon espace sans empiéter sur celui des autres et à dépasser les tensions familiales pour le bénéfice de tous. Je retrouvais ma disponibilité, avec le désir de mettre à profit l'apport de ces expériences successives qui m'avaient fait mûrir. Sur la suggestion d'une amie, directrice d'une maison de retraite, je me suis engagée dans la fonction de gérant de tutelle, qui, à l'époque, s'exerçait sans formation préalable, sur simple examen de l'honorabilité et de l'expérience du candidat. J'étais pleine de bonne volonté mais je me suis rendu compte, dès les premiers dossiers, qu'il fallait être solide pour affronter des situations parfois lourdes et complexes. J'ai arrêté au bout de trois ans. Parallèlement, j'avais plaisir à assurer du soutien scolaire bénévole en maison pour tous et j'aidais un jeune ami à préparer son concours d'entrée à la gendarmerie.

Pendant ce temps, je continuais à participer à des stages de méditation et à des week-ends d'énergétique chinoise, avec un intérêt inaltéré. J'allais à Paris quelques week-ends par an, ce qui me permettait de voir ma fille.

Et puis, même si, par ailleurs, j'étais en bonne santé, j'ai commencé à avoir des douleurs articulaires. Je payais peut-être le prix des efforts physiques que j'avais dû fournir dans mon rôle d'aidante. Est venu le moment où mon corps n'a plus supporté le voyage et il a fallu tourner cette page.

Grâce à internet, j'ai pu poursuivre mes démarches de développement personnel, et j'ai cherché à continuer à m'exercer à la relation d'aide. C'est là que je suis entrée en contact avec l'association Avec nos proches[2], qui propose, *via* une plateforme téléphonique, un soutien aux personnes qui sont en position d'aidants et confrontées à toutes les difficultés que cela comporte. En fonction de l'heure à laquelle elles appellent, elles sont orientées vers tel ou telle « parrain » ou « marraine » disponible à ce moment-là. Nous sommes outillés d'un carnet de bord qui rassemble informations pratiques et conseils de différents ordres. Nous avons également la possibilité de participer à des forums pour partager nos expériences.

Au début, j'étais très intimidée. Je me sentais peu légitime dans ce rôle, du fait de mon manque d'expérience professionnelle socialement reconnue. Je n'avais pas non plus eu des dizaines de malades autour de moi. Je pensais, comme une vraie novice, que je ne serais peut-être pas à la hauteur. Mais j'ai été accueillie par la coordinatrice, une adorable Maëlle, qui a su me rassurer,

2. www.avecnosproches.com (page consultée en mars 2016).

m'encourager, me donner ce soutien que je peux moi-même maintenant apporter aux appelants.

Certaines personnes cherchent des réponses pratiques, mais la plupart ont surtout besoin de dire qu'elles sont débordées, découragées, qu'elles n'en peuvent plus. Au début, je me demandais avec un peu d'inquiétude comment prêter une assistance juste dans un échange téléphonique. Mais je me suis vite rendu compte des avantages que cela offrait. On ne se connaît pas, on ne se voit pas, on est libre de tout regard et on peut parler en toute sincérité. C'est donc la voix, le ton, la simplicité de l'accueil qui vont établir le contact et donner sa tonalité à l'échange. Au fur et à mesure des entretiens, j'ai acquis la conviction que le plus important, c'était d'ouvrir un espace d'accueil bienveillant dans lequel la personne peut se sentir en confiance et exprimer ce qui l'habite. Je suis toujours très touchée quand, dès les premiers mots, je la sens se détendre et une fois rassurée, commencer à se dire.

Me vient en mémoire l'appel d'une jeune femme qui allait visiter son mari hospitalisé. D'emblée, j'ai senti un courant de sympathie circuler et elle n'a pas tardé à l'exprimer très simplement : « Que ça me fait du bien de parler avec vous ! Ce que vous me dites, cela me plaît. Est-ce que je pourrai vous rappeler ? » Nous avons la possibilité de laisser notre code personnel aux personnes qui souhaitent reprendre contact. Quelque temps après, nouveau coup de téléphone. Je reconnais sa voix. Elle reconnaît la mienne et pousse un cri du cœur : « Ah !

c'est vous, quelle chance ! » Elle me raconte alors qu'elle avait eu une mauvaise expérience une fois avec quelqu'un par qui elle s'était sentie remise en cause. On lui avait dit qu'elle était négative et cela l'avait blessée.

Face au chagrin et au désarroi, il n'est pas possible d'être dans une attitude simplement analytique. Il faut d'abord recevoir le trop-plein de celui ou celle qui nous appelle et l'aider à l'évacuer, au moins pendant les trente ou quarante minutes que dure généralement l'entretien. C'est le besoin premier, qu'il faut respecter et auquel je réponds avec la même attention que celle que l'on donne à un enfant pour le rassurer.

Une autre fois, j'ai reçu l'appel d'un monsieur qui accompagnait sa mère malade d'Alzheimer et qui, terrifié, était persuadé de reconnaître en lui les symptômes de la maladie. Il m'a décrit effectivement les difficultés de mémoire qu'il rencontrait dans son travail, dans sa vie, et je sentais à quel point l'angoisse l'étreignait. Je me suis alors appuyée sur mon expérience et la manière dont j'avais été amenée moi-même à affronter mes propres peurs et croyances. J'ai essayé de démonter la façon peut-être hâtive qu'il avait de conclure qu'il était malade, alors qu'il n'avait pas eu d'avis médical, et je l'ai encouragé à aller consulter son médecin. C'est souvent ainsi que se termine l'entretien. On encourage la personne à aller consulter un médecin, un thérapeute, et à rappeler l'association autant que nécessaire car il y aura toujours un parrain ou une marraine disponible pour lui répondre.

Ce que j'aime dans ce rôle d'aidant, c'est de laisser jouer mon intuition et de m'adapter rapidement à la personne que j'écoute. Je me souviens d'une dame qui avait appelé à mes débuts. C'était un dimanche après-midi et elle prenait un moment de répit alors que son mari, qui souffrait d'un cancer, avait une accalmie. « Il se repose, me dit-elle. Je suis sortie dans le jardin et je vous appelle parce que je n'en peux plus. » Sur le moment, on est pris d'un sentiment de compassion, autant pour le malade que pour l'aidant, qui laisse muet. Je l'ai écoutée exprimer avec beaucoup de sincérité son découragement et sa déception face au comportement de son mari qui, sous l'effet de la souffrance, était devenu insupportable, au point qu'elle ne le reconnaissait plus. Tout en accordant la plus grande compréhension au malade, je l'ai invitée à me parler de lui, de leur relation dans les moments où il était un compagnon plein de vitalité. Ses souvenirs sont remontés et je l'ai sentie se ranimer en évoquant les sorties et randonnées qu'ils aimaient, les activités qu'ils partageaient, leur complicité, leur amour tout simplement. L'entretien a pris fin sur ces images et elle a su me dire à quel point il lui avait fait du bien.

Bien sûr, nos échanges ne changent rien à la situation, mais même si on se sait impuissant, on peut toujours, suivant son inspiration, donner une bouffée d'oxygène et un peu de chaleur amicale.

Je dirais même qu'on n'est jamais aussi bien aidant que quand on ne cherche pas à l'être. À ce moment-là, on n'est plus dans le faire à tout prix mais tout simplement dans son être. Être aidant d'aidant, c'est donc pour moi me placer à côté de celui ou celle qui aide, dans une présence, un souffle qui vient d'un cœur ouvert et qui partage. Nous recevons alors autant que nous donnons et doublement encore lorsque se manifestent des retours reconnaissants.

Cela va faire deux ans que je suis bénévole à l'association Avec nos proches. C'est d'autant plus enrichissant pour moi que cela me permet de faire vivre et de partager à la fois toute mon expérience de vie et ce que m'a apporté mon cheminement de développement personnel. Aujourd'hui, en relisant mon parcours, j'éprouve un réel sentiment de cohérence et, à ce titre, j'en ressens une profonde gratitude.

Postface

Accompagner les aidants est pour la MACIF une affaire de cœur qui dépasse largement notre simple métier d'assureur mutualiste et les valeurs de solidarité que nous portons. Car plus que la solidarité, qui peut avoir quelque chose d'un peu mécanique, c'est la générosité qui nourrit la relation aidant-aidé. Raison pour laquelle, sans doute, cette question nous a peu à peu emportés : nous y avons d'abord mis la main, puis le bras, puis le corps tout entier. Aujourd'hui, la MACIF en fait le fil conducteur, une véritable accroche de sa démarche solidaire.

En 2007, quand nous avons commencé à nous pencher sur cette question, nous ignorions tout de cette thématique à laquelle personne, et encore moins les pouvoirs publics, ne s'intéressait. Avec beaucoup de prudence et d'humilité, nous avons d'abord écouté et observé pour connaître et pour comprendre. Pour cela, nous avons ouvert des débats et à chaque fois, nous avons été frappés par la diversité des expériences, des personnes, des situations, des vécus. L'étude que nous avons menée en 2015[1] a achevé de briser un certain nombre d'idées reçues et a confirmé qu'il était impossible de dresser un portrait-robot de l'aidant type.

Nous nous sommes ensuite interrogés sur la meilleure manière d'accompagner ces personnes. Mais comment répondre à des besoins parfois à peine exprimés ? Comment ne pas s'arrêter à une aide pécuniaire pour proposer une véritable écoute, une orientation pertinente ? Et au-delà de l'accompagnement, comment amener les aidants à valoriser cette expérience pour que soit reconnu ce vécu qui est bien souvent encore passé sous silence, caché – comme quelque chose de presque honteux –, notamment aux yeux des employeurs, alors que dans ce parcours-là, on acquiert une qualité d'approche humaine dont la valeur est inestimable ?

C'est en tout cas ce qui pour moi ressort de la lecture de ce livre, plein d'optimisme, qui montre que l'on peut définitivement aborder la question de l'aide autrement que sous l'angle d'une catastrophe que l'on traîne avec soi comme une malédiction. En lisant ces témoignages, j'ai été frappé par l'enthousiasme et la vitalité des personnes qui s'expriment, par leur manière volontaire, positive, jamais larmoyante ni fataliste de raconter l'ex-

1. Nicolas Sirven, Michel Naiditch, « Être aidant et travailler », enquête Macif-Mutualité/Unaf/Fondation de l'université Paris-Descartes, Paris, 2015.

périence parfois très difficile qu'elles traversent. Toutes en parlent comme d'un moment de la vie qu'elles n'ont pas choisi mais qui les fait grandir et les amène à se découvrir, voire à se révéler à elles-mêmes.

L'autre chose que je retiens de la lecture de ces récits, c'est l'importance de la prise de parole pour chacune de ces personnes. J'ai eu le sentiment en les lisant que c'est en racontant leur expérience qu'elles prenaient pleinement la mesure du chemin parcouru.

Il est donc essentiel de leur donner la parole et de contribuer à ce que leur voix se fasse entendre plus largement. Ce qui est vrai à l'échelle individuelle l'est aussi à une échelle collective. En effet, la question des aidants, qui statistiquement concerne un nombre de plus en plus important de personnes, est une question sur laquelle le débat et les pouvoirs publics restent beaucoup trop silencieux. En effet, selon une enquête de la DREES[2], la France comptait 8,3 millions d'aidants en 2008, un chiffre qui serait donc en constante évolution puisque le baromètre BVA/APRIL 2015 indique qu'ils seraient actuellement 11 millions[3]. C'est pourquoi, depuis 2007, nous n'avons cessé d'interpeller à la fois les citoyens et les pouvoirs publics. Les citoyens parce que tous, à un moment donné de notre vie, nous avons

2. DREES, enquête « Handicap-santé. Volet aidants informels », 2008 ; Insee, enquête « Handicap-santé. Volet ménages », 2008.

3. BVA, baromètre aidants, avril 2015.

été ou nous pourrons être amenés à être l'aidant ou l'aidé de quelqu'un. Nous les invitons à témoigner, à prendre conscience de ce qu'ils font parfois sans le savoir, à le valoriser, et à exprimer leurs besoins. Nous nous adressons également aux pouvoirs publics car c'est toute la structure de notre solidarité qu'il faut aujourd'hui repenser pour tenir compte des évolutions de notre société et notamment du nombre croissant de personnes âgées en perte d'autonomie. Plus généralement, lorsque la Sécurité sociale a été créée en 1945, seuls les hommes travaillaient. Étaient laissées aux femmes la responsabilité et la charge des solidarités familiales. Aujourd'hui, cette question implique à égalité les hommes et les femmes. Or, rien dans le droit – du travail notamment – n'a encore été fait pour tenir compte de cette réalité. Pour cette raison, nous travaillons de concert avec la Ligue des droits de l'homme afin de réfléchir à définir les droits des aidants, mais aussi des aidés.

Les chantiers sont vastes et nous avançons avec humilité. À chaque pas et avant toute proposition, nous prenons le temps d'écouter, d'observer, d'expérimenter. Nous ne voulons pas seulement faire pour les aidants mais faire avec eux. C'est pourquoi je remercie chaleureusement Clotilde et Victor, Caroline et Nathalie, Odile, Évelyne, Michel et Marie-Thérèse pour la confiance qu'ils nous ont témoignée en acceptant de livrer des morceaux de leurs vies d'aidants. Nous espérons que nous continuerons à cheminer ensemble dans cet engagement qui est le nôtre pour donner aux aidants toute l'attention, l'écoute et la considération qu'ils méritent.

Jacques Chemarin
Président de MACIF Mutualité

Table des matières

Mise en page : Le vent se lève...

Achevé d'imprimer par Corlet, imprimeur, S.A.
14110 Condé-sur-Noireau
N° d'éditeur : 6505 – N° fab : 6730 – N° d'imprimeur : 180193
Dépôt légal : septembre 2016
Imprimé en France